Der Thüringer Städtekette-Radwanderführer

Von Eisenach nach Altenburg

225 km

Gabi Weisheit

grünes herz

Trotz gewissenhafter Bearbeitung kann eine Haftung für den Inhalt nicht übernommen werden. Für aktuelle Ergänzungen und Anregungen ist der Verlag jederzeit dankbar. Wir bedanken uns bei allen, die uns unterstützt haben.

Impressum

© 2007–2021 Verlag *grünes herz®* Dr. Lutz Gebhardt & Söhne GmbH & Co. KG
Am Hang 27–28, 98693 Ilmenau
Tel.: 03677 / 46628-0, Fax: 03677 / 46628-80
www.gruenes-herz.de

Titelfotos:	Titelfotos: Anette Cotta; Links: Gotha, Orangerie; Rechts: Jena, JenTower; Lutz Gebhardt: Mitte: Weimar, Goethes Gartenhaus;
Fotos:	Fotos: Gabriele Weisheit; außer Seiten 10–14, 18, 30, 31, 34, 36, 40, 46, 48, 54, 64 und 76: Lutz Gebhardt; 23, 25, 38, 55 rechts, 56 links, 90 und 97: Anette Cotta; 24: rechts: Klemens Richert; 28: CTHOE, CC BY-SA 2.0 de 39: Stadtverwaltung Erfurt_CC-BY-NC-ND; 40 links: Jens Hauspurg_CC-BY-NC-ND; 42 links: Thuringius, rechts: Thomas Springer CC0; 44: Klapproth & Koch, Touristinformation Weimar; 52, 55 links und 57: Thoma Babovic; 66: Kulturamt Bad Köstritz; 78 links und 80: Stadtverwaltung Schmölln; 82, 84 und 86: © Jens Hauspurg; 93: Augustinerkloster Gotha Herberge gGmbH; 98: © Sebastian Pohl, KulTourStadt Gotha GmbH
Layout, Satz:	Sibylle Senftleben
Schrift:	Franklin Gothic Book
Redaktion:	Anette Cotta
Druck:	Multicolor Adelhausen
Kartographische Ausführung:	mr-kartographie, Gotha

4. aktualisierte Auflage August 2021

ISBN 978-3-86636-146-1

Inhalt

Zeichenerklärung

- Eisenbahnlinie mit Bahnhof
- Eisenbahnlinie stillgelegt
- Industriegleis
- Thüringer Waldbahn mit Haltestelle (Straßenbahn - Linie 4)
- 4 Autobahn
- 7 Bundesstraße
- Landstraße
- Fahrweg; Treppe
- Weg; Pfad, Schneise
- Stadtmauer
- R Rennsteig
- Landesgrenze
- Kreisgrenze
- NSG Grenze Naturschutzgebiet (NSG)
- Bebauungsfläche
- Wald, Park
- Garten, Grünfläche
- Sperrgebiet
- 232 Höhenpunkt
- 240 Höhenlinie (Abstand 20m)
- Steinbruch/Grube; Halde
- Böschung; Damm; Schlucht
- Kl.Reliefformen (Klippe; Kuppe; Loch)
- Hügelgrab; Wallanlage; Findling
- Bergwerk; Bergwerk stillgelegt
- Steigung; Starke Steigung
- Gefahrenstelle; Rastplatz

- Thüringer Städtekette (Hauptroute)
- 2 - mit Entfernungsangabe (in Kilometer/ gerundeter Wert)
- Sonstiger Radwanderweg (Nebenroute)
- - gute Oberfläche (Asphalt, Beton, Verbundpflaster u.ä.)
- - mäßige Oberfläche (Wassergeb. Decken, feste und etwas unebene Wege)
- - schlechte Oberfläche (Kopfsteinpflaster, sehr holprige oder sandige Wege)
- Herkules-Wartburg-Radweg
- D-Netz-Route 4 (Mittellandroute) (Verläuft von Eisenach bis Posterstein auf Thür. Städtekette)
- D-Netz-Route 11 (Ostsee-Oberbayern)
- Tannhäuser-Radweg
- Apfelstädt-Radweg
- Bach-Erlebnis-Route
- Gera-Radweg
- Laura-Radweg
- Feininger-Radweg
- Ilmtal-Radweg
- Napoleon-Radweg
- Kirchenradweg
- Thüringer Mühlenradweg
- Saale-Radweg
- Elster-Radweg
- Bauerngartenroute 1
- Bauerngartenroute 2
- Hofladenroute
- Bergbauroute
- Burgenroute

- Altenburg-Colditz-Radroute
- Von der Elster ins Mühltal
- Rund um Ronneburg
- Fuchsbachtal-Route
- Pleiße-Radweg
- Altenburger Obstland Runde

Signaturen in Auswahl

- Touristinformation
- Burg/Schloss; Ruine
- Kirche; Kloster
- Kapelle; Friedhof
- Techn. Denkmal; Wehr
- Steinkreuz; Denkmal
- Baudenkmal; Freilichtbühne
- Galerie; Museum
- Theater; Kulturhaus
- Ausflugsgaststätte; Café
- Imbiss; Hofladen
- Hotel; Jugendherberge
- Bett+Bike-Betrieb
- Herberge
- Campingplatz
- Wohnmobilstellplatz
- Tennisplatz
- Golfplatz; Minigolf
- Flugplatz; Sternwarte
- Kletterwald
- WC

- Windkraftanlage; Funkturm
- Aussichtpunkt
- Aussichtsturm
- Windmühle; Turm
- Schutzhütte; Höhle
- Für Kfz gesperrt
- Fahrradvermietung
- Fahrradservice, -werkstatt
- Parkplatz; Parkhaus
- Parken und Reisen
- Autobahnraststätte
- Tankstelle
- Freibad; FKK
- Schwimmhalle; Erlebnisbad
- Kurhaus
- Rastplatz für Wasserwanderer
- Wasserfall; Wassermühle
- Quelle
- Kläranlage
- Sportplatz
- Botanischer Garten; Park
- Tierpark; Naturdenkmal
- Hervorragender Baum
- Klinik/Krankenhaus
- Sonst. Sehenswürdigkeit

Maßstab 1 : 50 000

0 500 1000 1500m

Einführung

Zum Geleit

Der Autor des spiralgebundenen Radtourenführers ist ein erfahrener und engagierter Radfahrer, der die Route für jede Auflage mit dem Fahrrad neu abgefahren ist und sie auf ihre Qualität geprüft hat. So kann er den Wegeverlauf sowie das Sehenswerte entlang der Strecke mit hoher Fachkompetenz beschreiben. Der Verlag arbeitet außerdem eng mit den Touristinformationen und anderen Gebietskörperschaften vor Ort zusammen, um immer auf dem neusten Stand zu bleiben, auch was die Informationen links und rechts des Weges betrifft. Hinweise und neue Erkenntnisse die noch vor Redaktionsschluss eintreffen, werden für jeden Neudruck berücksichtigt, so dass Sie ein hochwertiges Produkt als Begleiter für Ihre Radreise haben.

Zum Gebrauch des Radroutenführers:

Der Radführer ist mit detaillierten Karten im Maßstab 1:50.000 ausgestattet. In größeren Städten erleichtern **Innenstadtpläne** die Orientierung.

Die **Hauptroute** ist in der Karte als markante rote Linie dargestellt. Durchgezogene Linien stehen für Asphalt, Beton u. Ä., gestrichelte für wassergebundene Decken und gut zu befahrende Waldwege, während die kurz gestrichelte Signatur auf Wegabschnitte mit schlechter Oberfläche hinweist. Das gilt auch für Alternativrouten oder Abstecher zu spannenden Entdeckungen abseits des Weges, die in Orange dargestellt sind.

Die **Hauptroutenbeschreibung** ist in grüner Schrift gesetzt. Interessantes Hintergrundwissen finden Sie in den grünen Kästen. Um die **Nebenroutenbeschreibung** gut von der Hauptroute unterscheiden zu können, wurde diese in blauer Farbe gedruckt, so dass man diese leicht überspringen kann, wenn man sie nicht fahren möchte.

Auf der Deutschlandroute 4, Mittellandroute, dem Thüringer Städtekette Radweg, dem Ilmtal-Radweg und dem Feininger Radweg

In Nöbdenitz

Übernachtungen:
Speziell für den radelnden Gast bieten die Bett+Bike-Betriebe ihren Service an. Wer es schlichter möchte, fährt auf einen Campingplatz. Für beides findet sich im Anhang eine vollständige Übersicht der Einrichtungen, die sich in der Umgebung des Radweges befinden. Weitere Übernachtungen gibt es bei:

ADFC-Dachgeber: www.dachgeber.de
Deutsches Jugendherbergswerk: www.djh.de
Außerdem stellen touristische und gastronomische Betriebe ihre Leistungen im Anhang dar. Damit Sie wissen, an welcher Stelle Sie besondere Angebote finden, gibt es bei der Wegebeschreibung einen Querverweis auf die Seite im Anhang und umgekehrt.

Deutsche Bahn:
DB-Radfahrer-Hotline mit Informationen zu Reiseverbindungen, Fahrplänen und Fahrpreisen: 030 / 2970, www.bahn.de,
Verkehrsverbund Mittelthüringen: 0361 / 19449,
www.vmt-thueringen.de
Die Fahrradmitnahme in Bus und Straßenbahn kostet verbundweit 1,60 Euro und gilt ab Entwertung 6 Stunden.
In den Nahverkehrszügen der DB Regio AG, Erfurter Bahn GmbH und Süd-Thüringen-Bahn GmbH ist die Fahrradmitnahme im Rahmen freier Kapazitäten kostenfrei möglich.

Bitte sich vorher informieren, besonders bei Gruppenreisen.
Bitte beachten, dass überregionale Züge nicht an jedem Bahnhof halten.

Die Flussradwege beginnen meistens an ihren Quellen im Gebirge. Das sollten Sie bezüglich des Wetters und der Ausrüstung nicht unterschätzen. Ein geländegängiges, robustes Fahrrad ist für eine solche Tour meistens die bessere Wahl.

Einführung

Die Thüringer Städtekette (im Text = TSK)
Ein Blick auf die Landkarte genügt, um zu erkennen, wie die Bezeichnung des Radfernweges „Thüringer Städtekette" entstand. Wie Perlen auf einer Kette, liegen die sechs bedeutendsten Städte Thüringens auf einer Linie aufgereiht: Eisenach-Gotha-Erfurt-Weimar-Jena-Gera. Für den Radfernweg Thüringer Städtekette wurde diese Linie in nordöstliche Richtung bis Altenburg verlängert – ein würdiger Abschluss des Radweges. So durchmisst die Städtekette das gesamte Thüringer Land. Beginnend im Westen, nahe der hessischen Grenze, reicht sie bis zur östlichen Grenze zu Sachsen. Diese gedachte West-Ost-Linie von Kulturstäd(t)ten ist historisch begründet.

Von der Via Regia zum Radfernweg Thüringer Städtekette
Die ersten drei Stationen der Thüringer Städtekette, Eisenach, Gotha und Erfurt, liegen an der mittelalterlichen Via Regia. Diese Königsstraße hatte große wirtschaftliche Bedeutung für den überregionalen Handel und Warenaustausch. Sie stellte auch die direkte Verbindung zwischen den beiden großen deutschen Messestädten Frankfurt am Main und Leipzig her. Die maximale Distanz, die von beladenen Pferdegespannen an einem Tag bewältigt werden konnte, war kaum länger als 30 Kilometer. Straßenbau und Siedlungstätigkeit beeinflussten sich wechselseitig. An den Rastplätzen bildeten sich daher im Abstand von 25 bis 30 Kilometern Handelssiedlungen und Stätten kultureller Begegnung. Im Gebiet, wo die Via Regia die Hörsel überquerte und weitere Handelswege kreuzte, verschmolzen im 12. Jahrhundert drei Marktsiedlungen zur heutigen Wartburgstadt Eisenach. In Erfurt kreuzten sich die Straßen aus Nürnberg und Böhmen. Bis heute beeinflusst der ehemalige Verlauf der Via Regia das Straßennetz Thüringens. So folgt die Bundesstraße 7 von Eisenach bis Erfurt der alten Straße. Im 18. Jahrhundert entstanden abseits der alten Via Regia neue Straßen, so genannte Chausseen, und viele der alten Wege wurden befestigt. So verlängerte sich der Radfernweg Thüringer Städtekette um Weimar, Jena, Gera und Altenburg.

Kulturelle Einflüsse
Der Radweg durchzieht eine außergewöhnlich vielfältige Kulturlandschaft von überregionaler Bedeutung. Mit den Städten sind die Namen bedeutender Persönlichkeiten verbunden, deren Gedanken und Leistungen zum unverzichtbaren Erbe der europäischen Kultur zählen: Es sind unter vielen anderen die Werke und Ideen Meister Eckharts und Martin Luthers, die Dichtungen von Johann Wolfgang Goethe und Friedrich Schiller, Johann Gottfried Herder und Christoph Martin Wieland, die Musik von Johann Sebastian Bach, Heinrich Schütz und Franz Liszt, aber auch die Vorstellungen Friedrich Fröbels über eine weltoffene und umfassende Kindererziehung, Ernst Wilhelm Arnoldis Gründung der Versicherung, die Entwürfe der Künstler und Architekten des Weimarer Bauhauses und nicht zuletzt die Ideen und Forschungen der Gelehrten der Jenaer Universität.

Thüringer Landschaft
Zu der Dichte an kulturhistorischen Stätten gesellt sich eine wunderschöne und abwechslungsreiche Landschaft. Thüringen, aufgrund seines Waldreichtums auch „das Grüne Herz Deutschlands" genannt, umfasst den Thüringer Wald und das Thüringer Becken. Es reicht im Westen von der Werra bis in die Rhön, im Norden bis in den Harz und im Osten bis über die Pleiße hinaus.
Eisenach ist Start- und Zielpunkt der Radstrecke und liegt am Beginn des Thüringer Waldes. Bis kurz vor Erfurt bildet dieses waldreiche Mittelgebirge, mit der markanten Silhouette des Inselsberges, die südliche Kulisse der Städteachse. Nördlich davon breiten sich der Höhenzug des Nationalparks Hainich und die Fahnersche Höhe aus.

Einführung

Die Städtekettenachse verläuft durch das fruchtbare Thüringer Becken und geht im östlichen Teil in die Vogtländische Hochfläche über, welche von Saale und Weißer Elster durchflossen wird. Altenburg, im östlichen Zipfel, liegt schon am Beginn der Leipziger Tieflandbucht. Die Wartburg, die sagenumwobenen Hörselberge, das Burgendreigestirn der „Drei Gleichen", das idyllische Mühltal, der durch die Bundesgartenschau '07 umgestaltete ehemalige Tagebau „Wismut" und die traditionellen Vierseitenhöfe im Altenburger Land sind nur einige der markanten Punkte auf unserem Weg durchs Thüringer Land.

Thüringische Küche

Eine Entdeckung ist auch die thüringische Küche wert! Sie ist noch heute eine sehr reichhaltige und keineswegs leichte Küche. Die Thüringer verstehen sich vor allem auf die Herstellung von Fleisch- und Wurstwaren. Keine andere deutsche Regionalküche weist so viele reine Fleischgerichte auf. Neben der allgegenwärtigen Thüringer Rostbratwurst sei hier der Schmöllner Mutzbraten besonders hervorgehoben. Zum Braten isst man natürlich Thüringer Klöße, hergestellt aus rohen, geriebenen Kartoffeln. In Thüringen wird auch Bier gebraut. Neben den vielen kleinen, ländlichen Brauereien sei die Brauerei in Bad Köstritz genannt. Eine weitere Besonderheit ist der Kuchen. In Thüringen hat sich der meist mit Obst und Schmand belegte Blechkuchen erhalten. Ihn bekommt man hier in jeder Bäckerei. Bei größeren Anlässen wie Taufen, Hochzeiten, runden Geburtstagen und Konfirmationen werden bis zu 15 verschiedene Kuchensorten aufgetafelt.

Kleine Landgasthöfe laden auf unserer Radtour zur kulinarischen Entdeckung ein. Eine wahre Schlemmermeile finden wir im Zeitzgrund und im Mühltal. Manche der ehemaligen Mühlen wurden zu kleinen idyllischen Gaststätten umgebaut.

Der Radfernweg Thüringer Städtekette

Sei es die wunderschöne, abwechslungsreiche thüringische Landschaft, die Fülle an kulturhistorischen Orten oder die thüringische Küche: der Radfernweg Thüringer Städtekette hat kunst- und kulturinteressierten Radfahrern viel zu bieten. Durch neu angelegte Radwege und die Wahl kleiner, ruhiger Straßen lassen sich auch die Städte meist beschaulich

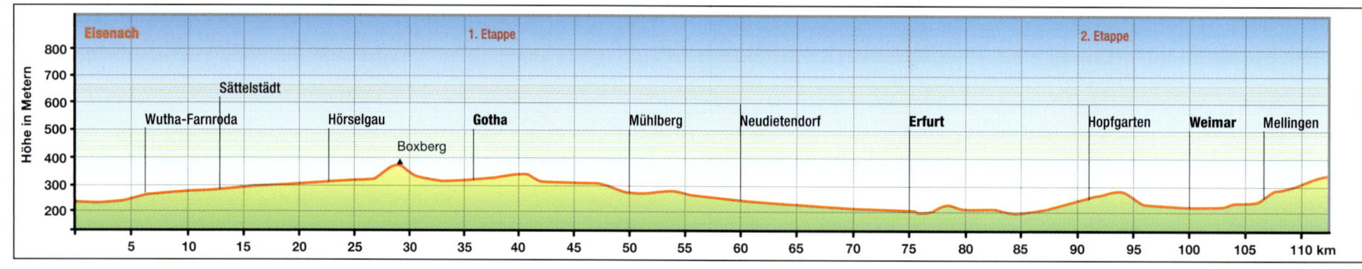

durchradeln. Die Stadteinfahrt nach Erfurt ist besonders reizvoll: durch Parkanlagen rechts und links der Gera gelangt man ruhig und entspannt direkt in das Zentrum der Landeshauptstadt.

Dieser Radführer teilt die 225 Kilometer lange Strecke in vier Etappen: Eisenach–Erfurt, Erfurt–Jena, Jena–Gera und Gera–Altenburg. Diese Touren geben allerdings nur eine Orientierung.

Durch die gute **Anbindung an die Bahn** lassen sie sich beliebig miteinander kombinieren. So kann individuell der Anfangspunkt und die Länge der Tour gewählt werden. Zwischen Eisenach und Jena sowie zwischen Gera und Altenburg fahren wir in Begleitung der Bahn. Günstige Angebote der Bahn, wie das Hopper-Ticket, das Thüringen-Ticket oder das Schöne-Wochenend-Ticket, erleichtern die Planung.

Die Strecke hat einen **Schwierigkeitsgrad** von leicht bis mittel und führt zum größten Teil über Asphalt.

Der Radfernweg Thüringer Städtekette liegt eingebunden in das überregionale deutsche Radnetz (zwischen Eisenach und Ronneburg identisch mit der D4-Route Aachen–Zittau) und kreuzt weitere Radfernwege, wie zum Beispiel den Ilmtal-Radweg und in Jena den Saale-Radweg – die D11-Route des **Radfernwegenetzes** Deutschlands, die sich für Abstecher anbieten.
Der Radführer enthält sieben **Innenstadtpläne**. Diese Stadtpläne sollen in erster Linie den Verlauf der Route und der Abstecher in die Innenstädte verdeutlichen.
Zur besseren Orientierung sind die Touristinformationen und Bahnhöfe hervorgehoben. Außerdem beinhalten die Stadtpläne Sehenswertes, vorzugsweise im Text genannte Sehenswürdigkeiten.

Anreise:
Eisenach erreicht man mit dem Kfz über die A4, die B19 und B 84. Am Hauptbahnhof halten die Züge von Abellio, Deutscher Bahn, Cantus-Bahn und Süd-Thüringen-Bahn.

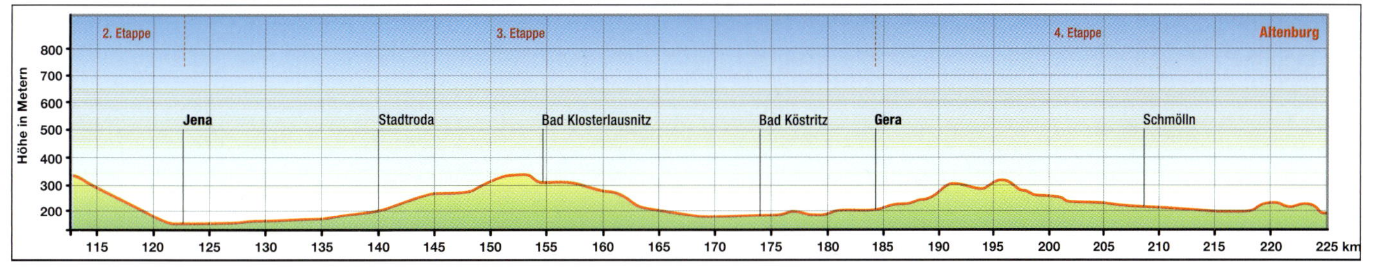

Von Eisenach nach Erfurt (74 km)

99817 Eisenach
ⓘ **Eisenach-Wartburgregion Touristik GmbH**
Tel.: 03691 / 79230
www.eisenach.info

ⓘ **Goldener Löwe**
Tel.: 03691 / 75434

Lutherdenkmal in Eisenach

Anreise: Der Radfernweg Thüringer Städtekette beginnt auf dem Eisenacher Marktplatz vor der Touristinformation.

1. Etappe

Die am Fuße der Wartburg gelegene Stadt Eisenach ist ein bedeutendes wirtschaftliches und kulturelles Zentrum in Thüringen. Mit ihr sind die Namen zahlreicher berühmter Persönlichkeiten verbunden. Johann Sebastian Bach, Charlotte von Stein und Ernst Abbe wurden in Eisenach geboren. Andere haben hier Geschichte „geschrieben", wie Walter von der Vogelweide, Wolfram von Eschenbach, die heilige Elisabeth, Martin Luther, Johann Wolfgang von Goethe, Fritz Reuter, Franz Liszt, Richard Wagner, Max Reger u. a. m.

Die Ursprünge der Stadt liegen in einer Kaufmannssiedlung des 12. Jahrhunderts, die sich im Bereich des heutigen Karlsplatzes befand. Hinzu kamen zwei weitere Marktsiedlungen in der Nähe der Georgenkirche und am Frauenplan. Dank seiner günstigen Lage an der Via Regia entwickelte sich Eisenach innerhalb kürzester Zeit zum wirtschaftlichen Mittelpunkt der Landgrafschaft Thüringen. Ende des 12. Jahrhunderts wird Eisenach erstmals in einer landgräflichen Urkunde als Stadt (civitas) bezeichnet. Viele historische Bauten und Museen belegen die bewegte Geschichte der Wartburgstadt. Das **Bachhaus**, ein über 600 Jahre altes Bürgerhaus am Eisenacher Frauenplan, dient seit 1907 als Museum, das dem Leben und Werk des bedeutenden Komponisten gewidmet ist. In Musikvorträgen, die jede Stunde stattfinden, erklingen Instrumente aus der Zeit Johann Sebastian Bachs. Martin Luther verbrachte als Lateinschüler drei Jahre im Ratsherrenhaus der Familie Cotta, welches heute als **Lutherhaus** bekannt ist und eine moderne Ausstellung über Martin Luther und die Reformation präsentiert. Luther selbst bezeichnete Eisenach später als „Pfaffennest", wohl aufgrund der vielen Kirchen und Klöster und dem dazugehörigen geistlichen Personal, die das Stadtbild bestimmten. Zu erwähnen sind die **Georgenkirche** am Markt mit den Grabsteinen der Thüringer Landgrafen, die spätgotische Spitalkirche St. Annen, die barocke Kreuzkirche auf dem alten Friedhof, die Kirche St. Elisabeth, die romanische Basilika der **Nikolaikirche** mit

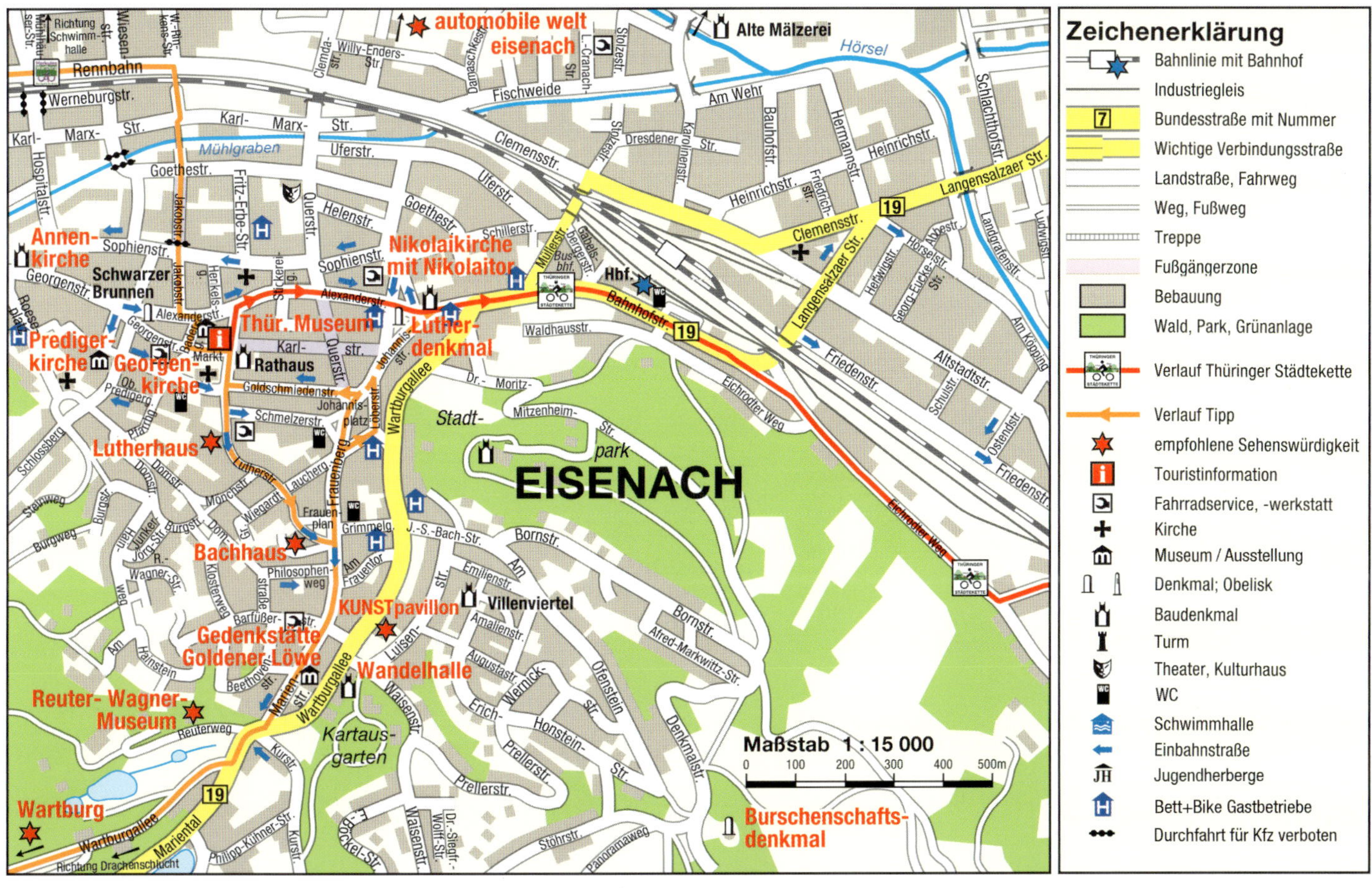

Zeichenerklärung
Bahnlinie mit Bahnhof
Industriegleis
Bundesstraße mit Nummer
Wichtige Verbindungsstraße
Landstraße, Fahrweg
Weg, Fußweg
Treppe
Fußgängerzone
Bebauung
Wald, Park, Grünanlage
Verlauf Thüringer Städtekette
Verlauf Tipp
empfohlene Sehenswürdigkeit
Touristinformation
Fahrradservice, -werkstatt
Kirche
Museum / Ausstellung
Denkmal; Obelisk
Baudenkmal
Turm
Theater, Kulturhaus
WC
Schwimmhalle
Einbahnstraße
Jugendherberge
Bett+Bike Gastbetriebe
Durchfahrt für Kfz verboten
EISENACH
Maßstab 1 : 15 000
0 100 200 300 400 500m
automobile welt eisenach
Alte Mälzerei
Annenkirche
Schwarzer Brunnen
Nikolaikirche mit Nikolaitor
Hbf.
Thür. Museum
Lutherdenkmal
Predigerkirche
Georgenkirche
Rathaus
Lutherhaus
Bachhaus
KUNSTpavillon
Villenviertel
Gedenkstätte Goldener Löwe
Wandelhalle
Reuter- Wagner-Museum
Wartburg
Burschenschaftsdenkmal
Stadtpark
Kartausgarten
Hörsel
Mühlgraben
Richtung Schwimmhalle
Richtung Drachenschlucht
Rennbahn
Werneburgstr.
Karl-Marx-Str.
Goethestr.
Sophienstr.
Georgenstr.
Alexanderstr.
Clemensstr.
Langensalzaer Str.
Bahnhofstr.
Friedenstr.
Wartburgallee
Mariental
Eichrodter Weg
Fischweide
Am Wehr
Uferstr.
Heinrichstr.
Waldhausstr.
Bornstr.
Johannisplatz
Frauenplan
Frauenberg
Markt
Karlstr.
Querstr.
Goldschmiedenstr.
Schmelzerstr.
Lutherstr.
Hospitalstr.
Jakobstr.
Helenenstr.
Schillerstr.
Dresdener Str.
Altstadtstr.
Ostendstr.
Mitzenheimstr.
Dr.-Moritz-Str.
J.-S.-Bach-Str.
Emilienstr.
Amalienstr.
Augustastr.
Wernickstr.
Ofensteinstr.
Honsteinstr.
Prellerstr.
Erich-Str.
Afred-Markwitz-Str.
Denkmalstr.
Luisenstr.
Waisenstr.
Kurstr.
Philipp-Kühner-Str.
Stöhrstr.
Panoramaweg
Marienstr.
Reuterweg
Hainstein
Beethovenstr.
Barfüßerstr.
Philosophenweg
Klosterweg
Burgweg
Steinweg
Schlossberg
Burgstr.
Domstr.
Mönchstr.
Wiegardtstr.
Lauchergstr.
Grimmelg.
Am Frauentor
Müllerstr.
Gabelsbergerstr.
Schlachthofstr.
Hermannstr.
Bauhofstr.
Karolinenstr.
Stolzestr.
L.-Cranach-Str.
Damaschkestr.
Willy-Enders-Str.
Clemdastr.
Wiesenstr.
Fritz-Erbe-Str.

99817 Eisenach
Thüringer Museum
Stadtschloss
Tel.: 03691 / 670450

Eisenach – die Nikolaikirche mit Nikolaitor

dem benachbarten **Nikolaitor** und der gotische Bau der **Predigerkirche** mit den angrenzenden Flügeln der ehemaligen Klosteranlage (Sammlung Mittelalterliche Kunst in Thüringen, Martin-Luther-Gymnasium). Das zwischen 1741 und 1755 nach Plänen des Weimarer Hofbaumeisters Krohne geschaffene **Stadtschloss**, diente nur acht Jahre als Residenz. Heute birgt es die Sammlungen des Thüringer Museums. In exponierter Lage ragt im Süden das Burschenschaftsdenkmal auf, das 1902 zur Erinnerung an das Wartburgtreffen im Jahre 1817 eingeweiht wurde. Am Weg zur Wartburg liegt die **Reuter-Villa**, die sich der niederdeutsche Dichter Fritz Reuter im Stil eines römischen Landhauses erbauen ließ. Als **Reuter-Wagner-Museum** bekannt, beherbergt sie neben den Wohnräumen des Schriftstellers die umfangreichste Richard-Wagner-Sammlung außerhalb Bayreuths. Das **Museum automobile welt eisenach** auf dem ehemaligen Gelände des Wartburgwerkes AWE zeigt originale Pkw, Prototypen und Fahrzeugteile aus der 100-jährigen Automobilbautradition Eisenachs. Das Industriedenkmal „Alte Mälzerei" ist ein kombiniertes Wohn- und Mälzergebäude von 1873 mit dem funktionstüchtigen Maschinenpark einer Kaffeerösterei. Hier ist auch der **Eisenacher Jazzklub** beheimatet. Er verfügt über ein umfassendes Archiv zum Thema und über eine kostbare Sammlung von Tonträgern mit historischen und seltenen Aufnahmen. An den Südhängen der Stadt entstand zwischen 1862 und dem Ersten Weltkrieg eines der größten zusammenhängenden und beeindruckendsten **Villenviertel** Deutschlands. Mit seinen charmanten Gründerzeit- und Jugendstilhäusern ist es seither die beliebteste Wohngegend Eisenachs. Die sanierte Wandelhalle verleiht entsprechendes Flair.

Eisenachs Geschichte ist untrennbar mit der **Wartburg** verbunden. *„Wart' Berg, du sollst mir eine Burg tragen!"*, soll Ludwig der Springer ausgerufen haben, als er den Berg durch Zufall während der Jagd sichtete. Körbeweise ließ er Erde aus eigenem Besitz auf den fremden Boden auftragen und konnte so zu Recht schwören, auf eigenem Grund und Boden gebaut zu haben. So erzählt es jedenfalls die Sage, nach der die Burg 1067 gegründet wurde. Mit der Wartburg sind eine Reihe von Ereignissen der deutschen Geschichte verbunden:

Der Thüringer Landgrafenhof auf der Wartburg wurde zum Zentrum mittelhochdeutscher Dichtung und des Minnesangs (Aufenthalte von Wolfram von Eschenbach und Walter von der Vogelweide sind bezeugt). Hier lebte und wirkte die Gemahlin des Landgrafen Ludwig IV., die heilige Elisabeth. Die Mauern der Burg boten dem vom Papst und Kaiser verfolgten Reformator Martin Luther ein sicheres Asyl, der während seines Aufenthaltes 1521/22 das Neue Testament in die deutsche Sprache übersetzte. 1817 fand hier das erste Wartburgfest der deutschen Burschenschaften statt, auf dem der Ruf nach einem geeinten deutschen Reich laut wurde. Die geschichtliche Bedeutung der Burg war Grundlage der Wiederherstellungskampagne durch Großherzog Carl-Alexander von Sachsen-Weimar-Eisenach im 19. Jahrhundert, zu der umfassende Erneuerungsarbeiten im Stile des Historismus zählen. Neben dem einzigartigen spätromanischen Palas bietet die Wartburg ein Museum mit Kostbarkeiten aus acht Jahrhunderten, wobei die thematischen Schwerpunkte im 13. und 14. Jahrhundert, in der Renaissance und der Reformationszeit sowie dem Historismus liegen.

Hier reihen sich Bürgerhäuser, das spätbarocke **Stadtschloss** und das Renaissance-Rathaus um die **Georgenkirche**, und den **Georgenbrunnen**.

Die Wartburg – Eisenachs Wahrzeichen

Der goldene Drachentöter Georg ist der Schutzpatron von Eisenach. Eine kleine Straße führt

99817 Eisenach

UNESCO-Welterbe Wartburg
Tel.: 03691 / 2500
www.wartburg.de

Lutherhaus
Tel.: 03691 / 29830
www.lutherhaus-eisenach.com

Bachhaus
Tel.: 03691 / 79340
www.bachhaus.de

Reuter-Wagner-Museum
Tel.: 03691 / 743293

Predigerkirche
Sammlung „Mittelalterliche Kunst in Thüringen"
Tel.: 03691 / 784678

automobile welt eisenach
Tel.: 03691 / 77212
www.awe-museum.de

1. Etappe Von Eisenach nach Erfurt (74 km)

Das Lutherhaus in Eisenach ist Museum und Gedenkort.

oberhalb der Post zur **Predigerkirche**. An der oberen Seite des Marktes führt eine Kopfsteinpflasterstraße zu einem der ältesten Fachwerkhäuser der Stadt: dem **Lutherhaus**.

Folgen wir dieser Straße, so stoßen wir auf den Frauenplan mit dem **Bachhaus** und dem Bachdenkmal. An der unteren Seite des Frauenplans biegt rechts die Marienstraße ab. Sie führt ins Mariental. Dort, vor der **Reuter-Villa**, beginnt die asphaltierte Auffahrt zu der **Wartburg**.

Wer gleich losfahren möchte, folgt vom **Markt** aus dem ersten Wegweiser in eine kleine Straße rechts vom Stadtschloss. Gleich darauf geht es wieder rechts in die **Alexanderstraße**. Wir gelangen zum **Karlsplatz** mit dem Lutherdenkmal. Durch das **Nikolaitor** verlassen wir die Innenstadt. Es ist das einzig erhaltene von ehemals fünf Stadttoren Eisenachs. Wir überqueren eine Ampelkreuzung und fahren auf den **Hauptbahnhof** zu und daran vorbei. Kurz darauf biegt die Bahnhofstraße nach links in eine Bahnunterführung ab. Wir fahren jedoch geradeaus und gelangen in den ruhigen **Eichrodter Weg**. Auf der linken Seite erstreckt sich der Güterbahnhof, auf der rechten die Ausläufer des Stadtparks.

Nach etwa 600 m zweigt links hinter dem Güterbahnhof eine Sackgasse ab. Diese endet in einem kleinen, pappelgesäumten Radweg, der erst auf der einen, dann nach einer Brücke auf der anderen Seite der Hörsel verläuft.

Wir lassen einen Abzweig nach Gotha links und einen nach Rothenhof rechts von uns liegen und fahren geradeaus, an den Bahngleisen entlang. Am Ortseingang zu **Wutha-Farnroda** queren wir in Eichrodt die B88 und setzen unseren Weg neben der Bahntrasse fort. Der Weg führt uns zwischen Gärten auf der rechten und der Bahn auf der linken Seite. Die ersten Ausläufer des kleinen **Hörselberges** mit seinen markanten Klippen sind zu sehen. Der Radweg unterquert die aus dem Jahre 1847 stammende Eisenbahnbrücke parallel zur Hörsel-Bahn und biegt nach einem kleinen Anstieg nach rechts.

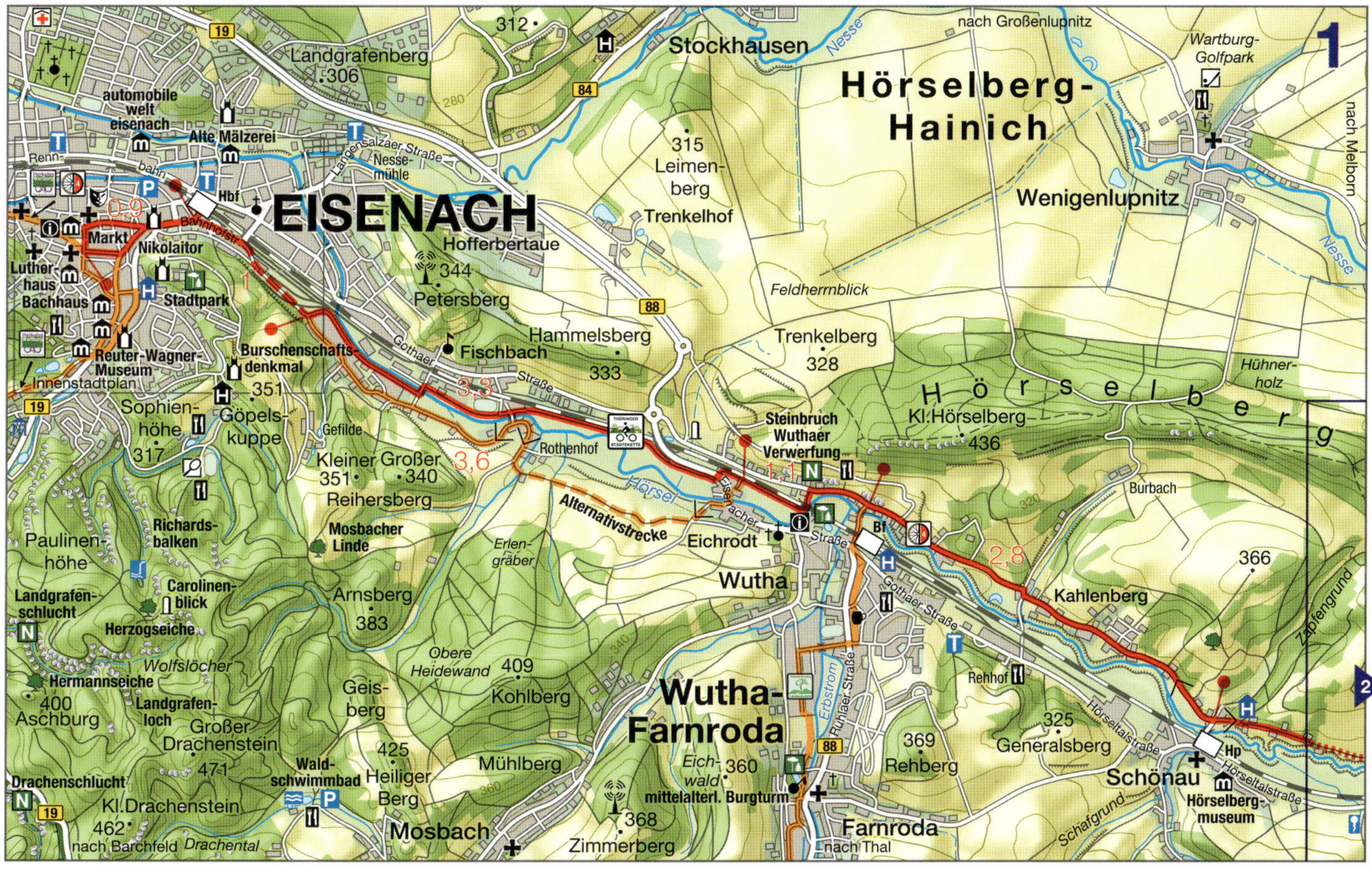
1
Hörselberg-
Hainich
EISENACH
Stockhausen
Wenigenlupnitz
Landgrafenberg
306
312
nach Großenlupnitz
Wartburg-
Golfpark
nach Melborn
Nesse
automobile
welt
eisenach
Alte Mälzerei
Nesse-
mühle
Langensalzaer Straße
Rennbahn
Hbf
Bahnhofstr.
Markt
Nikolaitor
Lutherhaus
Bachhaus
Stadtpark
Reuter-Wagner-
Museum
Innenstadtplan
Burschenschafts-
denkmal
351
Sophien-
höhe
317
Göpels-
kuppe
315
Leimen-
berg
Trenkelhof
Hofferbertaue
344
Petersberg
Fischbach
Hammelsberg
333
Feldherrnblick
Trenkelberg
328
Hörselberg
Hühner-
holz
Kl. Hörselberg
436
Steinbruch
Wuthaer
Verwerfung
Gothaer Straße
Gefilde
Rothenhof
Kleiner Großer
351 340
Reihersberg
Hörsel
Alternativstrecke
Eisenacher Straße
Eichrodt
Wutha
Bf
Burbach
366
Kahlenberg
Zapfengrund
Paulinen-
höhe
Richards-
balken
Mosbacher
Linde
Erlen-
gräber
Landgrafen-
schlucht
Carolinen-
blick
Herzogseiche
Arnsberg
383
Obere
Heidewand
409
Kohlberg
Wolfslöcher
Hermannseiche
400
Aschburg
Landgrafen-
loch
Großer
Drachenstein
471
Geis-
berg
425
Heiliger
Berg
Wutha-
Farnroda
Erbstrom
Ruhlaer Straße
Rehhof
325
Generalsberg
Hörseltalstraße
Hp
Schönau
Hörselberg-
museum
369
Rehberg
Schafgrund
Drachenschlucht
Kl. Drachenstein
462
nach Barchfeld
Drachental
Wald-
schwimmbad
Mühlberg
Eich-
wald
360
mittelalterl. Burgturm
368
Zimmerberg
Mosbach
Farnroda
nach Thal
0,9
1
3,3
3,6
1,1
2,8
2
19
84
88
280
320
340
360

99848
Wutha-Farnroda
ⓘ **Bürgerbüro**
Wutha-Farnroda
Tel.: 036921 / 915-260

Hörselbergmuseum
Tel.: 036921 / 27852
oder 279721

Schild des Städtekette-Radweges

Zwei Steinbrüche, als **„Wuthaer Verwerfung“** bezeichnete geologische Naturdenkmäler, liegen links des Weges.

Wuthaer Verwerfung – ein geologisches Naturdenkmal

Die von unzähligen Sagen und Legenden umwobenen **Hörselberge** bieten einmalige Aussichten auf den sich gegenüber erstreckenden westlichen Teil des Thüringer Waldes. Auf Grund der bis zu 97 m mächtigen Wellenkalkschichten ist das Gebiet geologisch, aber auch aus botanischer Sicht interessant. Die hier vorherrschenden Böden ermöglichten die Entfaltung einer besonders vielfältigen Flora und Fauna. Opernfreunden sagen die Hörselberge etwas ganz anderes – schließlich soll laut Legende Frau Venus hier gelebt und mit ihren Reizen Tannhäuser verführt haben. Für Richard Wagner war es wohl eher die herrliche Landschaft, die ihn zu seinem romantischen Bühnenwerk inspirierte. Der 484 m hohe Gipfel des Großen Hörselberges wird von dem bereits 1890 errichteten Ausflugslokal *„Hörselberghaus“* gekrönt.

Jetzt folgen wir der Beschilderung. Der Weg geht auf und ab, auf ruhiger Asphaltstraße an einer Kosmetikfirma und anschließend an den Häusern von Kahlenberg vorbei. Wir folgen den Schildern bis zum **Gasthof Zapfengrund**. Der Radweg führt nun etwas bergan auf eine kleine Hochebene und wird nach den letzten Häusern von Kahlenberg ein unbefestigter Feldweg. Von hier kann man zum ersten Mal das **Hörselberghaus** erspähen.
Vorbei an Wiesen und Feldern, entlang der Hörselaue kommen wir nach **Kälberfeld**. Im Ort weist ein Wegweiser uns rechts über die Hörselbrücke.

An der Hauptstraße geht es nach links, und gleich darauf, am Ortausgang auf einen kleinen straßenbegleitenden Radweg entlang der B7 Richtung Sättelstedt. Zwar lärmt es von nebenan, aber dafür erhalten wir einen wunderschönen Blick auf den Hörselberg.

Tipp:
Wer statt guter Aussicht einen ruhigen Weg bevorzugt, dem empfehle ich gleich am Ortseingang von Kälberfeld, an einem verzierten Schieferhaus nach links oben abzubiegen.

So gelangt man, erst über Asphalt, dann über Feldweg, auch nach **Sättelstädt**. Neben der Kirche befindet sich ein Gasthof mit Weinkeller und Biergarten.

Nach Kirche und Gasthaus fährt man in einen Radtunnel und kurz danach über eine etwas abenteuerliche Brücke. Schon treffen wir wieder auf die offizielle Route der TSK.

Am Ortseingang nach Sättelstedt biegt der TSK-Radweg nach links unten und 50 m weiter nach rechts auf einen Schotterweg und verläuft somit parallel zur Haupstraße, auf die er kurz vor dem Ortsausgang wieder trifft. Von links mündet die Straße vom Bahnhof Sättelstedt ein. Wir unterqueren die Autobahn und passieren am ehemaligen Bahnhof von Sättelstädt-Mechterstädt die Kreisgrenze nach Gotha. Auch wenn der Anblick der Kirche am Ende der Allee lockt und auch der straßenbegleitende Radweg sich fortsetzt, biegt unser Weg an einem hohen Schornstein nach rechts ab. Parallel zur Hauptstraße erreichen wir **Mechterstädt**. Der Weg stößt auf eine Hauptstraße, links nach oben geht es zum Haltepunkt der Bahn. Wir radeln geradeaus, an der Kirche vorbei und biegen nach einer Brücke nach rechts ab. Im Zick-Zack nähern wir uns, über Felder hinweg **Laucha** an. In der Ferne sieht man den Inselsberg, den mit 916 m berühmtesten Berg des Thüringer Waldes. Wir fahren durch den Ort und halten uns Richtung Teutleben.

Blick auf Mechterstedt

Tipp:
Von Laucha aus bietet sich ein Abstecher in das nur 3 km entfernte **Waltershausen** an.

99880 Waltershausen
ⓘ Stadtinformation
Tel.: 03622 / 630113
www.waltershausen.de

Die Kirche „Zur Gotteshilfe" in Waltershausen

Waltershausen ist die zweitgrößte Stadt im Landkreis Gotha. 1176 wurde Schloss Tenneberg erstmalig als Burg der Thüringer Landgrafen erwähnt. Nach mehrfachen Umbauten erhielt das Schloss im frühen 18. Jahrhundert seine endgültige Gestalt. Die meisten barocken Räume sind in den folgenden Jahren durch verschiedene Nutzungen verloren gegangen, jedoch nicht der Festsaal, das barocke Treppenhaus und die Schlosskapelle. Die Stadt selbst wurde 1209 erstmals urkundlich erwähnt. Damals war sie bereits im Besitz der Stadtrechte. Waltershausen hat eine lange, im Jahr 1815 begründete, Tradition als Puppenstadt. Im 19. Jahrhundert entstanden eine Vielzahl von Spielzeug- und Puppenfabriken. Die industrielle Fertigung endete 1990. Eine Abteilung des Schlossmuseums widmet sich der Geschichte der Puppenindustrie. 1929 wurde die Thüringerwaldbahn nach Waltershausen verlängert und verbindet seitdem die Stadt mit Tabarz im Südwesten und Gotha im Nordosten. Weiterhin ist die Ende des 18. Jahrhunderts entstandene Salzmannschule im angrenzenden Schnepfenthal zu erwähnen, an der Johann Christoph Friedrich Guts Muths, der Mitbegründer der Turnerbewegung, lehrte.

Vor einer kleinen idyllischen Bushaltestelle mit Holzbank, biegen wir in den Fröttstädter Weg ein. Nomen est Omen: er führt geradewegs nach **Fröttstädt**.

Wir werden direkt über eine Bahnbrücke verwiesen, darunter befindet sich der Fröttstädter Bahnhof. Wir halten uns rechts Richtung **Hörselgau**. Die Ortsschilder liegen nur knapp auseinander. Der Radweg verläuft auf der Hauptstraße durch den Ort bis zur Kirche und überquert eine Brücke. Etwa 100 m weiter biegen wir links in die Wahlwinkler Straße ein. Jetzt immer geradeaus. Der Ort endet und der Weg führt durch die Felder auf die Autobahn und das dahinter liegende Wahlwinkel zu.

Vor der Autobahnbrücke biegen wir nach links in einen autobahnbegleitenden Weg ein. Zwei Kilometer später unterqueren wir an der Leinaer Brücke die Autobahn.

Abstecher:
Hier bietet sich die Möglichkeit eines kleinen Abstechers zum **Aquädukt des Leinakanals** von 1847. Auf die Bundesstraße stoßend, biegen

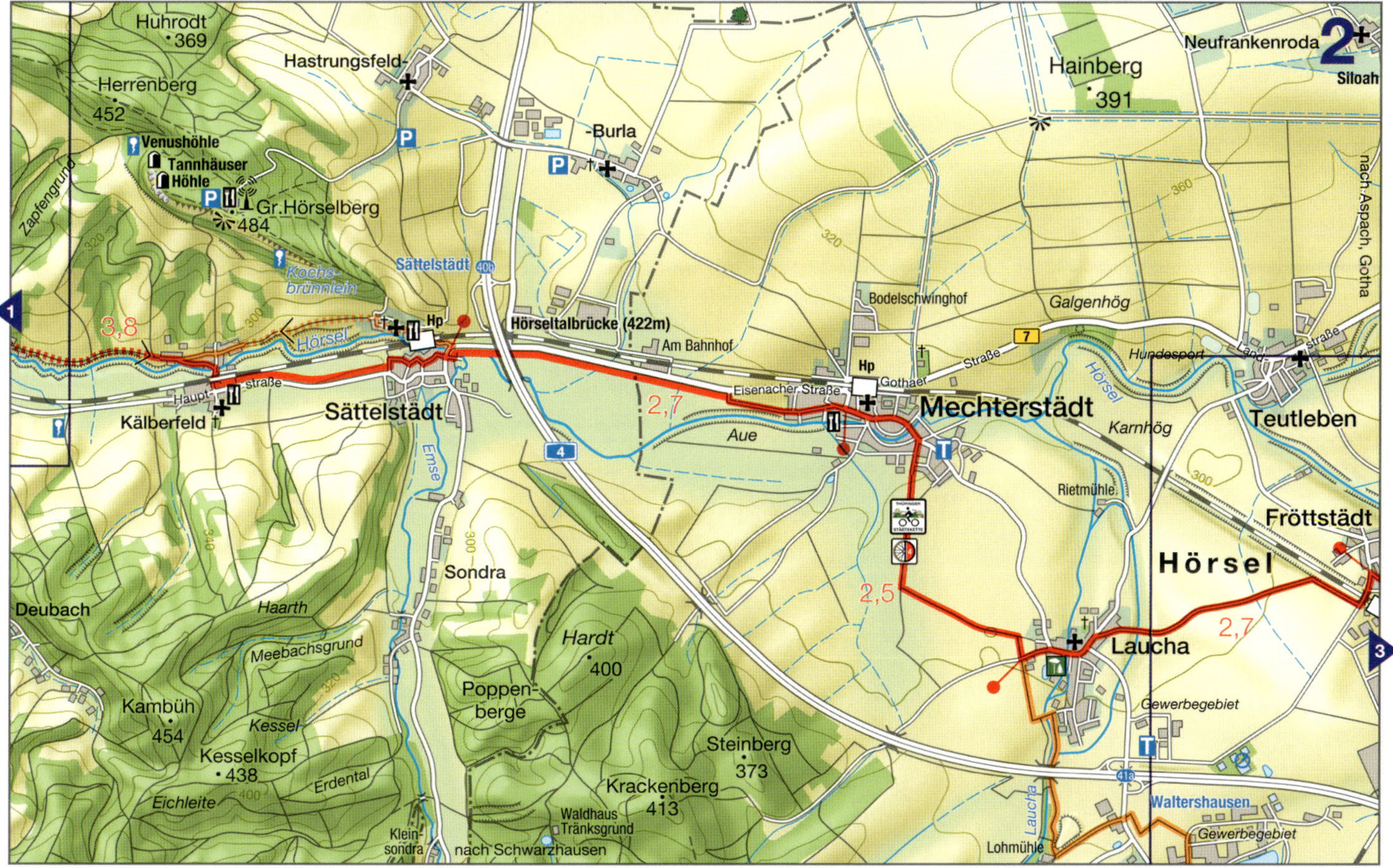

Huhrodt
369
Hastrungsfeld-
Herrenberg
452
Venushöhle
Tannhäuser
Höhle
Gr.Hörselberg
484
Zapfengrund
Kochs-
brünnlein
Sättelstädt
-Burla
Hainberg
391
Neufrankenroda
Siloah
2
Hp
Hörseltalbrücke (422m)
Am Bahnhof
Bodelschwinghof
Galgenhög
Hörsel
3,8
Hauptstraße
Kälberfeld
Sättelstädt
Eisenacher Straße
Gothaer Straße
7
Hundesport
Land straße
Teutleben
Mechterstädt
Karnhög
2,7
Aue
Ernse
4
Rietmühle
Fröttstädt
Hörsel
Sondra
2,5
Deubach
Haarth
Meebachsgrund
Hardt
400
Laucha
2,7
3
Kambüh
454
Kessel
Poppen-
berge
Gewerbegebiet
Kesselkopf
438
Erdental
Steinberg
373
Krackenberg
413
Eichleite
Waldhaus
Tränksgrund
Klein-
sondra
nach Schwarzhausen
Lohmühle
Laucha
Waltershausen
Gewerbegebiet
41a
nach Aspach, Gotha
1

Das Leina-Aquädukt

wir nach links und gleich darauf wieder links. Auf einer schnurgeraden kleinen Straße erreicht man nach zehnminütiger Fahrt die Bahnstrecke Gotha–Eisenach. Dort angekommen fährt man rechts leicht bergan zum Aquädukt. Hier endet die Asphaltstraße. Schiebt man jedoch sein Rad über das Brückenaquädukt, beginnt auf der anderen Seite ein Pfad. Der Pfad wird zum Weg und trifft in Sundhausen wieder auf unseren Radfernweg TSK.

Der **Leinakanal** wurde schon 1366 angelegt, um die Stadt Gotha mit Wasser zu versorgen. Später diente der verbreiterte Kanal auch zum Antreiben von Mühlen und zum Flößen von Holz. 1845 begann der Bau der Bahnstrecke Gotha–Eisenach, die den Kanal kreuzte. Um diesen nicht zu blockieren, wurde über die Bahnverbindung ein Aquädukt gebaut. Hier fand das Düker-Prinzip Anwendung: das Wasser fließt in derselben Höhe in das Bauwerk hinein, in welches es das Bauwerk verlässt, obwohl es zwischendurch einen Höhenunterschied von mehreren Metern überwindet. 1978 wurde der Aquädukt zum technischen Denkmal erklärt, das 1995 beim Ausbau der Bahnstrecke zur ICE-Verbindung unter die Gleise verlegt wurde. Ein Teil des ursprünglichen Aquädukts ist heute noch zu sehen.

Wir fahren nach rechts Richtung **Leina**, biegen jedoch gleich vor dem Ort nach links ab. Nach einem halben Bogen um den Fluss erwartet uns der Hinweis nach links auf den 2 km entfernten **Boxberg**. Wie der Name vermuten lässt, folgt eine Steigung. Auf halber Strecke kann man einen kleinen Abstecher zum Thüringer Waldblick machen. Für Pferdefreunde ist der Name Boxberg ein Begriff: Schon bald sieht man rechterhand die wunderschönen Gebäude der einzigen Pferderennbahn Thüringens. Wer sich vor Gotha noch einmal eine Pause gönnen will, kann das hier in der angrenzenden Rennbahn-Gaststätte.

Die 1878 gegründete **Galopprennbahn Boxberg** ist mit ihren 2900 Metern die einzige ihrer Art in Thüringen. Die im viktorianischen Stil erbaute

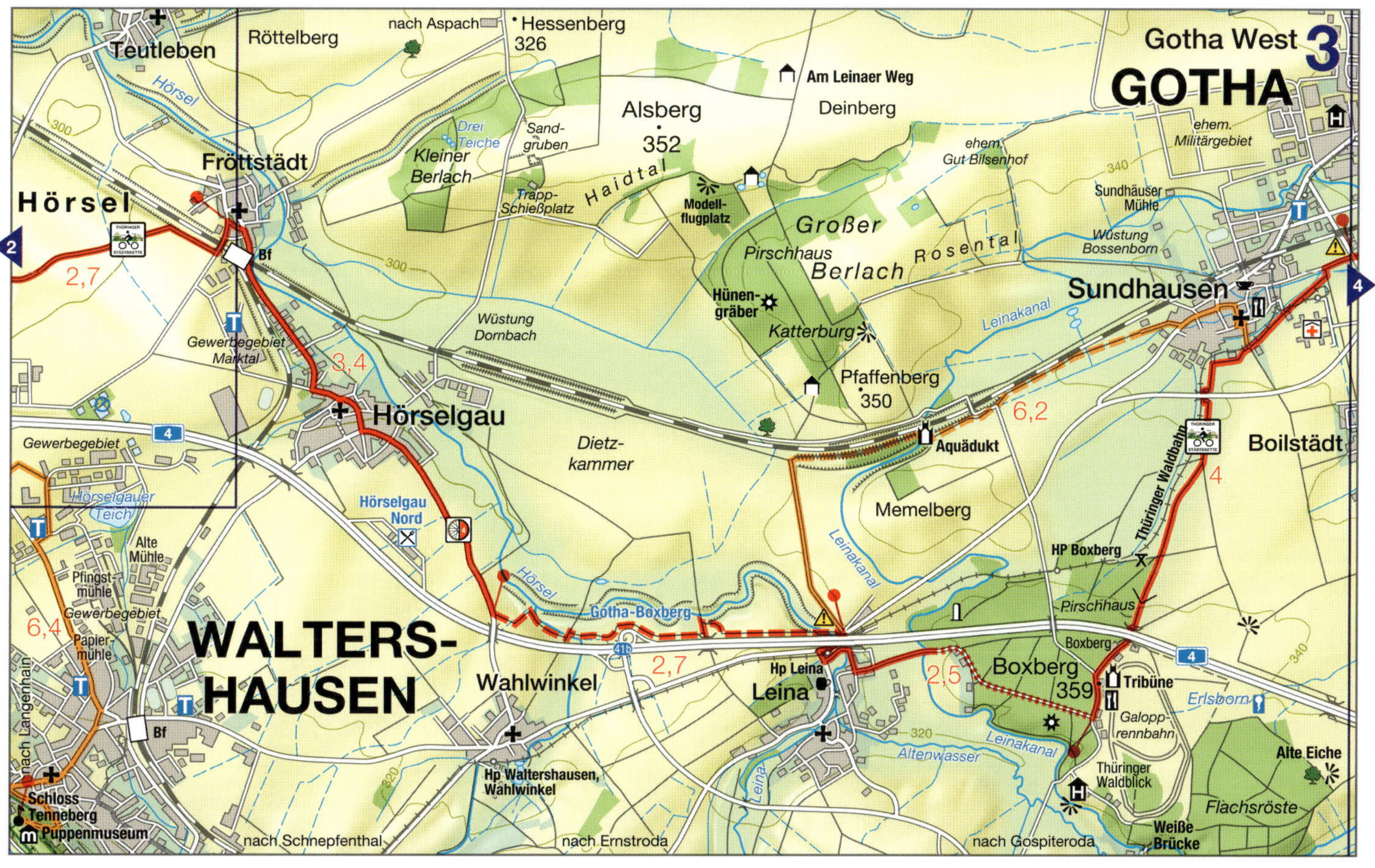
Gotha West 3
GOTHA
Teutleben
Röttelberg
nach Aspach
Hessenberg
326
Am Leinaer Weg
Deinberg
Alsberg
352
Hörsel
Drei Teiche
Sand-
gruben
Kleiner
Berlach
Fröttstädt
Haidtal
Trapp-
Schießplatz
Modell-
flugplatz
Großer
Berlach
Pirschhaus
Rosental
ehem.
Gut Bilsenhof
ehem.
Militärgebiet
Sundhäuser
Mühle
Wüstung
Bossenborn
Sundhausen
Hörsel
Bf
2,7
Hünen-
gräber
Katterburg
Leinakanal
Wüstung
Dornbach
Gewerbegebiet
Marktal
3,4
Pfaffenberg
350
Hörselgau
6,2
Aquädukt
Boilstädt
Gewerbegebiet
Dietz-
kammer
4
Hörselgauer
Teich
Hörselgau
Nord
Memelberg
Thüringer Waldbahn
Alte
Mühle
Pfingst-
mühle
HP Boxberg
Gewerbegebiet
6,4
Papier-
mühle
Gotha-Boxberg
Pirschhaus
WALTERS-
HAUSEN
41b
2,7
Hp Leina
Leina
2,5
Boxberg
Boxberg
359
Tribüne
Erlsborn
nach Langenhain
Bf
Wahlwinkel
Galopp-
rennbahn
Leinakanal
Altenwasser
Alte Eiche
Schloss
Tenneberg
Hp Waltershausen,
Wahlwinkel
Thüringer
Waldblick
Flachsröste
Puppenmuseum
Leina
nach Schnepfenthal
nach Ernstroda
nach Gospiteroda
Weiße
Brücke
300
320
340

Von Eisenach nach Erfurt (74 km)

99867 Gotha
ⓘ **Gotha adelt – Tourist-information & Shop**
Tel.: 03621 / 510450
www.gotha-adelt.de

Angebote:
Augustinerkloster *→ S. 93*

Auf dem Weg zum Boxberg

Anlage versprüht heute noch den Charme vergangener Tage.

Unser Weg führt durch den Wald entlang der Rennstrecke. Am Ende des Boxberges fahren wir rechts auf eine kleine Asphaltstraße. Diese führt unter der Autobahn hinweg durch einen kleinen Tunnel. Jetzt geht es bergab, und wir rollen auf **Sundhausen** und **Gotha** zu. In der Ferne erscheinen zum ersten Mal die ungleichen Türme des Schlosses Friedenstein zu Gotha. Kurz vor den ersten Häusern Sundhausens biegen wir nach rechts und fahren entlang der Thüringerwaldbahn-Strecke. Diese überqueren wir ein Stück weiter an den Andreaskreuzen. Der Weg führt hinter dem Klinikum entlang und später auf die Siedelhofstraße. Geradeaus, und schon befinden wir uns am Ortsausgang von Sundhausen. Dort fahren wir in den gegenüberliegenden Weg hinein. Gleich darauf beginnt die „Hochzeitsallee“. Hier kann man zu Hochzeiten und anderen Feierlichkeiten einen Baum setzen. Würde man eine Beliebtheitsskala anlegen, so wäre der Ginko, Thüringens Poetenbaum, an erster Stelle. Vorbei an Wiesen und einer Baumschule gelangen wir nach Gotha.

Tipp:
Gotha-Rundfahrt: Um in die **Innenstadt** zu gelangen, biegen wir von der Friedrich-Ebert-Straße (Pavillon) nach der Straße Am Schmalen Rain links in einen Fußweg ein. Durch eine Unterführung gelangen wir auf den Emlebener Weg und biegen rechts in die Schäferstraße ein. Wir überqueren die Uelleber Straße, fahren in einem Bogen zwischen Einkaufszentren, bis wir zur Parkstraße kommen. Diese überqueren wir und gelangen zum Schlosspark. Wer diesen Abzweig verpasst, muss die Uelleber Straße nehmen. Sie ist etwas stärker befahren, zweigt aber kurze Zeit später auf einen Radweg in den Schlosspark ein. Vorbei am **Schloss Friedenstein** geht es hinab zum **Hauptmarkt**. Die barocke Innungshalle und die Bürgerhäuser gruppieren sich um das **Renaissance-Rathaus**. Wer eine Pause machen möchte, ist hier, in einem der Straßencafés, am richtigen Platz. Weiter geht es nach rechts in die Marktstraße, an der **Margarethenkirche** rechts

99867 Gotha

ⓘ Gotha adelt – Tourist-information & Shop
Tel.: 03621 / 510450
www.gotha-adelt.de

Schloss Friedenstein & Herzogliches Museum
Tel.: 03621 / 82340
www.stiftungfriedenstein.de

KunstForum Gotha
Tel.: 03621 / 7387030
www.kunstforum-gotha.de

Gothaer Tivoli
Tel.: 03621 / 704127

Gotha – die Herzogliche Orangerie

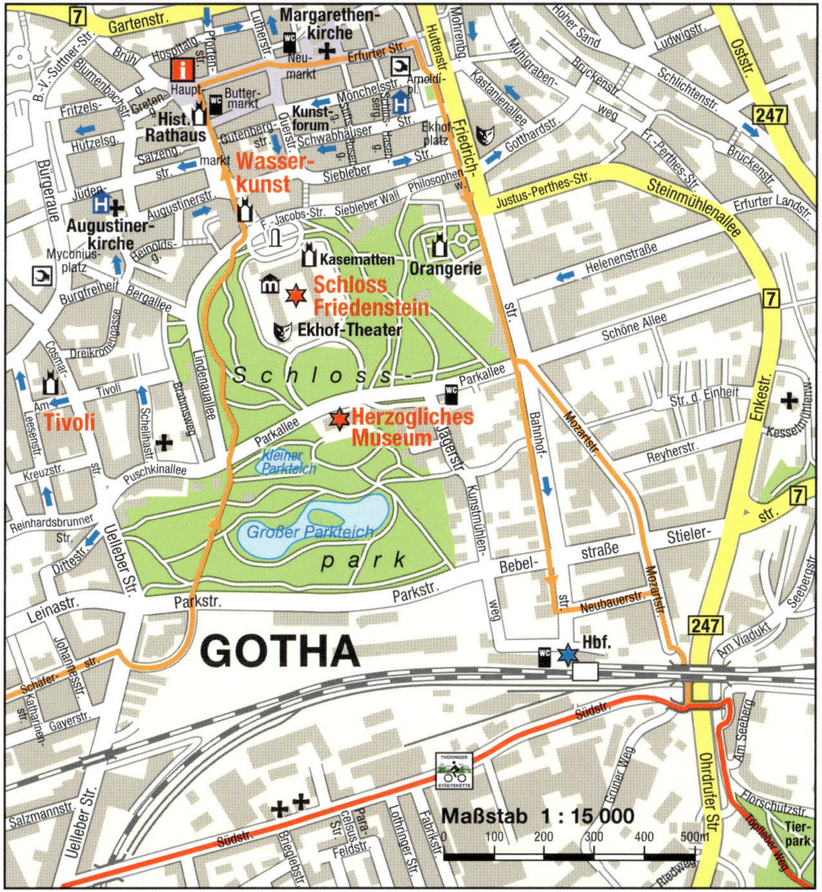

99867 Gotha
Kasematten
Tel.: 03621 / 510450

Schloss Friedenstein
Tel.: 03621 / 82340
www.stiftungfriedenstein.de

Hist. Rathaus in Gotha

vorbei, bis wir am Arnoldiplatz auf eine große Straße mit Straßenbahngleisen stoßen. Hier geht es rechts auf den Radweg und immer geradeaus Richtung **Hauptbahnhof**. Wir nehmen die letzte Straße links vor dem Bahnhofsgebäude und gleich darauf wieder rechts und kommen auf die Fußgängerüberführung. Hier trifft der **Gotha-Rundweg** wieder auf die Hauptstrecke.

Die Residenzstadt **Gotha** mit der markanten Silhouette des Schlosses Friedenstein ist schon von weitem zu sehen. Das Schloss ist eine der größten Schlossanlagen Deutschlands. Seit der Erbauungszeit (1643–1654) unzerstört, haben sich hier nicht nur Schloss, Park, Hoftheater, Schlosskirche, Archiv und Bibliothek erhalten, sondern auch einzigartige Sammlungen zu Kunst, Natur und Geschichte. Ob die Aufsehen erregende, historische Kunstkammer, die Ahnengalerie oder die familienfreundliche, naturkundliche Abteilung „Tiere im Turm“, Schloss Friedenstein bietet ein breites Interessensspektrum. Das von 1681 bis 1683 in den Westturm eingebaute Ekhof-Theater, das erste stehende deutsche Hoftheater, ist ein besonderes Kleinod der Theatergeschichte. Im Rahmen des Ekhof-Festivals wird es heute in den Sommermonaten bespielt. Unter Verwendung der originalen Bühnentechnik aus dem 17. Jahrhundert wird Musik und Schauspiel aus der Blütezeit des Gothaer Hofes zu neuem Leben erweckt. Im Süden des Schlosses fällt das im Stil des Historismus gebaute Herzogliche Museum auf. Es beherbergt die Gothaer Kunstsammlung. Auf dem unterhalb des Schlosses gelegenen **Hauptmarkt** teilt das historische Rathaus den Markt in einen oberen und unteren Platz. Das massive Gebäude mit der Renaissancefassade wurde 1574 als Kaufhaus errichtet. Der Hauptmarkt selbst ist von Bürgerhäusern aus dem 16. bis 18. Jahrhundert umgeben. Zu den bedeutendsten Gebäuden gehören das

Gotha – das Schloss Friedenstein

alte Waidhaus und das Lucas-Cranach-Haus aus dem 16. Jahrhundert. Am Brühl, der ältesten Hauptgasse der Altstadt, befinden sich mehrere interessante historische Bauwerke, wie das Haus zum König Salomon (1580) und das Maria-Magdalenen-Hospital (1716–19). Das Augustinerkloster wurde 1216 zunächst als Zisterzienserinnenkloster errichtet. Am Neumarkt überragt die **Margarethenkirche** mit ihrem 65 m hohen spätgotischen Turm die Gebäude der Altstadt. Im Tivoli wurde ein bedeutender Bestandteil deutscher Geschichte geschrieben. In den Kaltwasserschen Sälen vereinigten sich auf dem „Gothaer Parteitag" im Mai 1875 der Allgemeine Deutsche Arbeiterverein und die Sozialistische Arbeiterpartei Deutschlands, aus der 1890 die SPD hervorging.

Es geht immer geradeaus, bis zu einer Bahnbrücke. Der TSK-Radweg verläuft über die Bahnbrücke geradeaus und verlässt die Stadt nach dem Bahnhof. Der Radweg führt geradeaus über die Brücke und an alten Fabrikgebäuden und einem zipfelmützenartiger Turm, einem Bunker aus dem Ersten Weltkrieg vorbei. Nach einem kleinen Anstieg liegt auf der linken Seite der Südausgang des Gothaer Bahnhofs. Kurz danach führt uns eine Fußgänger- und Radwegüberführung als Brücke über die stark befahrene B247.

Unser nächstes Ziel heißt Günthersleben. Beim Verlassen des Übergangs halten wir uns rechts, leicht bergab, und gleich darauf mit Schwung bergauf Richtung Tierpark. Schilder weisen den Weg, vorbei am Tierpark, durch ein Waldstück am Fuße des Kleinen Seebergs. Nach etwa 2 km knickt der Feldweg vor einem Schießstand nach rechts. Der nächste Ort heißt **Töpfleben**. Wir durchfahren ihn, bis wir auf die belebte Hauptstraße nach Günthersleben stoßen. Dort links. Nach etwa zwei Kilometern verlassen wir diesen Radweg und schwenken nach rechts in einen ruhigen asphaltierten Weg ein. Vor uns weitet sich das Thüringer Becken. Weite, fruchtbare Felder erlauben dem Blick weit in die Ferne zu schweifen. Die kleine Obstbaumallee knickt nach weiteren zwei Kilometern im rechten Winkel nach links. Wir durchfahren ein kleines Waldstück und gelangen

Blick von der historischen Wasserkunst in die Gothaer Innenstadt

99869 Wechmar
Bach-Stammhaus
Tel.: 036256 / 22680

Das Bach-Stammhaus in Wechmar

auf die Straße nach **Günthersleben**. Gleich am Ortsanfang weist der Wegweiser nach rechts. Jetzt führt der Weg durch Wald und Wiesen. Wir passieren die Wasserburg von Günthersleben. Von ihr sind allerdings nur noch die Grundmauern zu sehen. Die angebundene Brücke von 1692 wurde auf Initiative der Bewohner wieder restauriert. Kurz darauf erreichen wir nach einem Sportplatz wieder die Hauptstraße.
Wir gelangen auf den straßenbegleitenden Radweg entlang der Hauptstraße in den Stammort der Musikerfamilie Bach: Wechmar. Die Orte liegen so dicht beieinander, dass auch die Namen ein Strich verbindet: Günthersleben-Wechmar.

Günthersleben-Wechmar sind Ortsteile der Gemeinde Drei Gleichen. **Wechmar** ist ein hübsches kleines thüringisches Dorf. So liest man auch auf einer Tafel, dass es 2003 zum „Schönsten Dorf Thüringens“ wurde. Hier steht auch das Stammhaus der Familie Bach. Das alte Oberbackhaus im historischen Ortskern war das Wohnhaus des Bäckers Veit Bach und seines Sohnes Johannes. Im Verlaufe von 300 Jahren stiegen die Mitglieder der Familie Bach vom musizierenden Bäcker zum Stadtpfeifer, Kirchen- und Stadtmusikanten und schließlich zum Thomaskantor und in der Spätphase bis zum Kapellmeister am preußischen Königshofe auf. Man sollte einen Blick in die Sankt Viti Kirche werfen. Das im Jahre 1843 errichtete Gotteshaus ist die größte Dorfkirche Thüringens. Der 68 Meter hohe Turm gilt als weithin sichtbares Wahrzeichen der Gemeinde. In **Günthersleben** verdient die ehemalige Wasserburg Aufmerksamkeit, die 1143 von Ritter Hartmann von Günthersleben errichtet wurde. Späteren Besitzern wurde die Burg zu klein und die Anlage wurde zu Beginn des Jahres 1691 erheblich erweitert. Es entstand ein langgezogenes Rechteck mit bastionsartig vorspringenden Ecken, das von einem breiten Wassergraben umgeben wurde. Gemauerte Brücken im Norden und Osten gewährten den Zugang, während man die Schlossgebäude in einer Ecke konzentrierte. Bemerkenswert sind die riesigen Dimensionen der Anlage. 1837 wurde darin eine Wollspinnerei eingerichtet. Im Zweiten Weltkrieg dienten die nunmehr verwaisten Gebäude als Sicherheitsdepot für wertvolle Kunstgegenstände des Gothaer

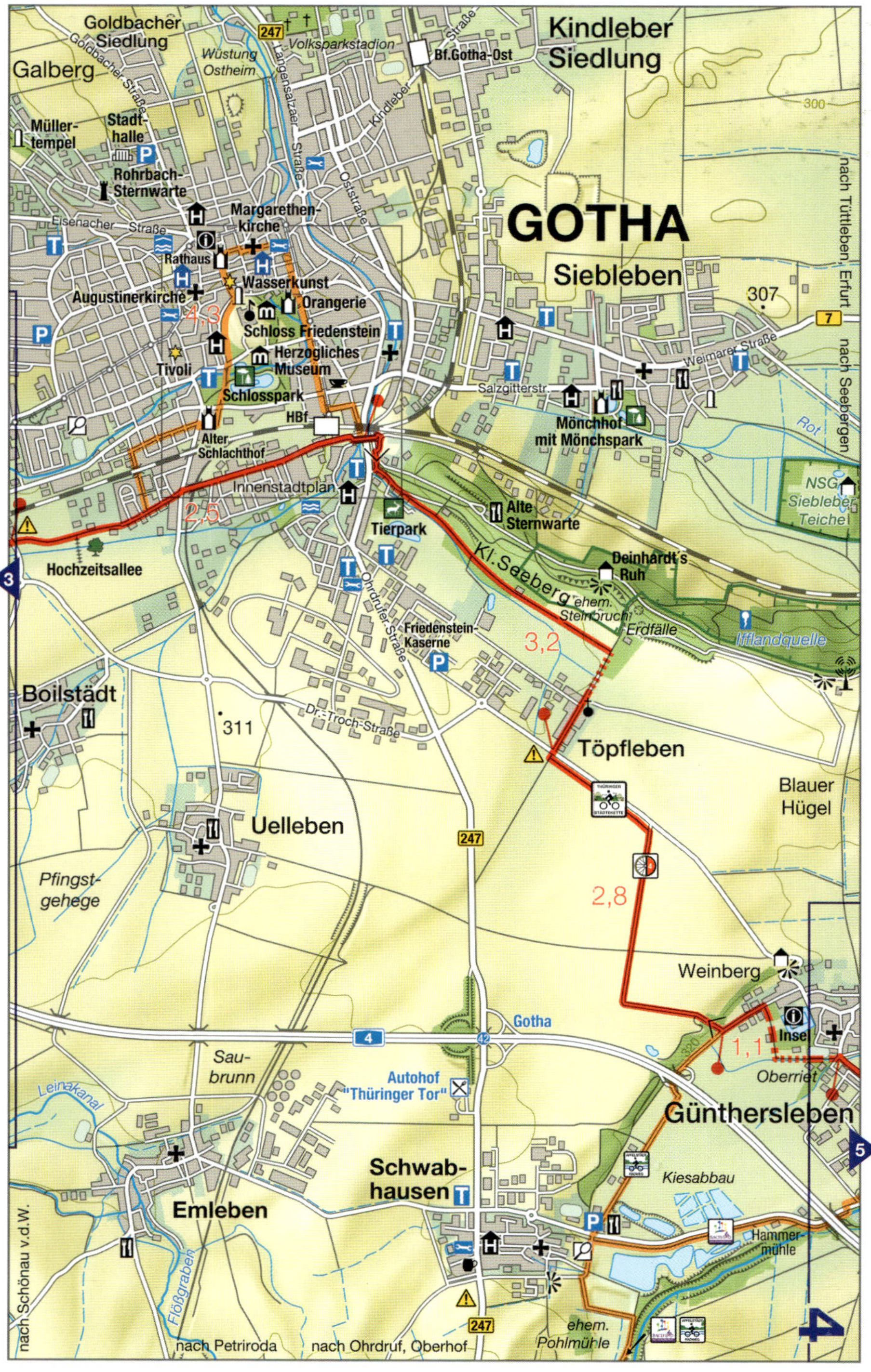

Goldbacher Siedlung
Galberg
Goldbacher Straße
Wüstung Ostheim
Langensalzaer Straße
247
Volksparkstadion
Bf.Gotha-Ost
Kindleber Siedlung
Kindleber Straße
300
Müllertempel
Stadthalle
Rohrbach-Sternwarte
Oststraße
GOTHA
nach Tüttleben, Erfurt
Eisenacher Straße
Margarethenkirche
Rathaus
Wasserkunst
Augustinerkirche
Orangerie
4,3
Schloss Friedenstein
Siebleben
307
7
Herzogliches Museum
Tivoli
Schlosspark
Salzgitterstr.
Weimarer Straße
nach Seebergen
Mönchhof mit Mönchspark
Rot
HBf
Alter Schlachthof
Innenstadtplan
NSG Siebleber Teichel
2,5
Tierpark
Alte Sternwarte
Hochzeitsallee
3
Kl. Seeberg
Deinhardt's Ruh
ehem. Steinbruch
Friedenstein-Kaserne
Ohrdrufer Straße
3,2
Erdfälle
Ifflandquelle
Boilstädt
311
Dr.-Troch-Straße
Töpfleben
Blauer Hügel
Uelleben
247
Pfingstgehege
2,8
Weinberg
Gotha
4
42
Insel
1,1
320
Saubrunn
Oberriet
Leinakanal
Autohof "Thüringer Tor"
Günthersleben
5
Schwabhausen
Kiesabbau
Emleben
Hammermühle
nach Schönau v.d.W.
Flößgraben
247
ehem. Pohlmühle
nach Petriroda
nach Ohrdruf, Oberhof
4

99869 Drei Gleichen
Kulturscheune
Tel.: 036256 / 22846
www.drei-gleichen.de

St.-Lukas-Kirche in Mühlberg

Schlosses. Nach dem Krieg wurde die Burg zur Baumaterialgewinnung illegal abgetragen und bis 1952 waren alle oberirdischen Gebäude völlig verschwunden. Inzwischen sind die Grundmauern des Schlosses wieder erkennbar. Errichtete Schautafeln geben schon jetzt Auskunft über das einstige Aussehen des ehemaligen Wasserschlosses. Die Sankt Petri Kirche wurde 1694 erbaut.

Wir fahren geradeaus über eine Brücke. Von der Brückenstraße auf den Marktplatz und dann in die Bachstraße und wir sehen das Bach-Stammhaus. Der Radfernweg TSK führt daran vorbei und verlässt Wechmar auf ruhigem Wege nach Süden Richtung Autobahn. Diese wird überquert und gleich darauf geht es links, nunmehr parallel zu ihr. Vor uns liegt das Burgendreigestirn: **Mühlburg** und **Wachsenburg** zur rechten, die **Burg Gleichen** zur linken Seite.

Das markante Burgentrio, die **Wachsenburg**, die **Mühlburg** und die **Burg Gleichen**, genannt die **Drei Gleichen**, existierte schon, bevor die Städte Gotha und Erfurt gegründet wurden. Die Mühlburg ist die älteste der drei Burganlagen. Zusammen mit der Stadt Arnstadt wird sie im Jahre 704 erstmals erwähnt. Die auf einer frei stehenden Bergkuppe errichtete Wachsenburg ist die umfangreichste und die besterhaltene unter den „Drei Gleichen". Die Burg Gleichen, auch „Wanderslebener Gleiche" genannt, ist die nördlichste und jüngste von ihnen, sie wird im 11. Jahrhundert das erste Mal erwähnt.

Vor Mühlberg kommen wir an einem Campingplatz „Drei Gleichen" und einem Golfplatz vorbei. Im Dorf selbst fahren wir geradeaus, bis uns links ein Wegweiser über den Markt weist.

Mühlberg ist ein Haufendorf und erhielt bereits 1242 das Marktrecht. Wahrzeichen des Ortes ist die Mühlburg. Der **Marktplatz** wird von Fachwerkhäusern, einem alten Laufbrunnen und dem 1896 erbauten **Rathaus** umrahmt. Im historischen gut erhaltenen Ortskern dominieren dicht aneinandergereihte Zwei-, Drei- und Vierseithöfe. Die Sankt Lukaskirche, 726 bereits erwähnt, erfüllte im Mittelalter die Funktion einer Wehrkirche. Sehenswert sind vor allem die spätgotischen figürlichen Wand-

5
Günthersleben
Osterwiesen
Hanfwiese
Obermühle
Mittelmühle
Waidmühle
Seeberger Feld
Bf.Wandersleben
Stiedenberg
Mühlgraben
Apfelstädt
Altfeld
Unterriet
Bürgerhaus
Erfurter Wehr
Gr.Riet
Neue Ölmühle
Menantes-Gedenkstätte
Dorfmühle
Hunold´sche Papiermühle
Pfarrhaus
Mittelalterlicher Wohnturm
Wandersleben
Henningshof
Apfelstädt
Veit-Bach-Mühle (Obermühle)
Viti-Kirche
Bach-Stammhaus
Wechmar
Drei Gleichen
Talsperre Wechmar
ehem. Steinbruch
383 Röhnberg
NSG Röhnberg
Kallenberg
399
Kaffberg
Freudental
370
Burg Gleichen
Badlands
Sülzenbrücken
NSG Apfelstädter Ried
Weidbach
Salzquelle
Schlammgraben
Keltergraben
Hauptgraben
Ringhofen
Gutspark
Golfplatz
Sophienbrunn
Wandersleben
Feuerwehr-museum
Öl- u. Graupenmühle
Riethfeld
Gräfen-brunnen
Gleichental
Längel 321
Mühlburg
Radegundis-kapelle
NSG Schlossleite
Schlossleite
Torfstich bei Mühlberg
Einöde
Gölitzenmühle
Mühlberg
Karstquelle Spring
Apels Weingarten
Lange Hain
460 Hainberg
Hesseroder Graben
Saugraben
Waidmühle
Pfaffenhög
400
Wüstung Gromsdorf
Unterm Holze
363
Roter Berg 362
NSG Wachsen-burg
Wachsenburg
Badlands
Rückberg 329
nach Röhrensee, Holzhausen
nach Holzhausen
nach Haarhausen
1,1
6
2,8
1,7
3,9
1,4
4
E40
43

malereien, der bemalte barocke Kirchenhimmel und die Volklandorgel von 1729. Im Turm der Kirche erinnert eine Gedächtniskapelle an die letzte Thüringer Königstochter Radegunde (518–587), die als erste Christin hierzulande gilt. Unweit der Kirche finden wir ein weiteres Kleinod, das Naturdenkmal **Spring**. In einer kleinen Parkanlage liegt der Mühlberger Spring, eine stark sprudelnde Karstquelle. Die Quelle ist in Stein gefasst und fördert etwa 2000 Liter Wasser je Minute. Dadurch konnten früher die Mühlräder von sieben Mühlen angetrieben werden. Das Quellwasser durchfließt den Ort bis zur **Öl- und Graupenmühle**. Als besterhaltene ihrer Art in Thüringen, mit einer Stampftechnik aus dem 17. Jahrhundert, ist sie wieder funktionstüchtig. Aufgrund geologischer Untersuchungen wird das Alter des Springs mit mindestens 7000 Jahren angegeben. Das Wasser der Quelle ist glasklar, von bläulicher Farbe und weist ganzjährig eine Temperatur von acht Grad Celsius auf. Ursache hierfür sind die hohe Mineralisation und der hohe Reinheitsgrad des Grundwassers. Bei Sonneneinstrahlung entstehen hier die unterschiedlichsten Farb- und Lichteffekte. Das Gelände der Springquelle ist jederzeit zugänglich.

Die Ruine der Burg Gleichen

Auf dem Markt befindet sich das Rathaus und zwei Gaststätten. Von der Hauptstraße biegen wir nach rechts in eine gepflasterte Straße. Hoch oben sehen wir die Mühlburg. Der Weg führt links am Burgberg vorbei. Nach der **Öl- und Graupenmühle** endet der Ort. Jetzt geht es durch die Felder. Einen herrlichen Blick bekommen wir von hier auf die drei Burgen. Um ihn besser zu genießen lädt ein Rastplatz bei der Kreuzung Gräfenbrunnen auf offenem Felde zur Pause. Der TSK biegt nach links und durchquert den Autobahntunnel. Nach einem kleinen Anstieg erreichen wir den Gasthof „Freudenthal“.

Das **Gasthaus Freudenthal** war eine der ältesten und traditionsreichsten Gaststätten in Thüringen. Der Sage nach zog Graf Ernst III. in einem Kreuzzug mit Kaiser Friedrich II. 1227 gegen die Sarazenen. Der Graf geriet in Gefangenschaft und musste viele Jahre schwere Arbeit in den Gärten des Sultans verrichten. Die Sultanstochter verliebte sich in den Grafen. Sie verhalf ihm zur Flucht unter der Bedingung, dass er sie zur Frau nehme. Der Graf willigte ein. Nach der geglückten Flucht führte sie der Weg direkt nach Rom zum Papst. Nach langem Für und Wider segnete er die Zweitehe mit der Sultanstochter Melachsala ab. Am Fuße der Burg Gleichen trafen die beiden Frauen des Gleichengrafen aufeinander. Freudig begrüßte Graf Ernsts Eheweib Ottilia ihren Gemahl und schloss Melechsala, die Retterin ihres Gatten, in die Arme. An der Stelle des Zusammentreffens ließ Graf Ernst III. nach kurzer Zeit das Freudenthal errichten, zum ewigen Gedenken an das freudige Ereignis. Im Erfurter Dom kann man einen Grabstein sehen, der den Grafen von Gleichen mit zwei Frauen zeigt. Da die Sage zu schön ist, um wahr zu sein, geht man davon aus, dass es sich um die beiden Ehefrauen – nacheinander – handelt.

Wir radeln nach rechts gen **Wandersleben**. Dort folgen wir der Ausschilderung Richtung Neudietendorf. Am Ortsausgang passieren wir den „Mittelalterlichen Wohnturm“ aus dem 13. Jahrhundert. Schräg gegenüber in einer kleinen Parkanlage liegt das Menantesdenkmal. Christian Friedrich Hunold wurde unter dem Pseudonym Menantes der berühmteste unter den deutschsprachigen „galanten“ Autoren des frühen 18. Jahrhunderts. Nebenan befindet sich die Menantes-Literatur-Gedenkstätte. Der Radweg führt parallel zur Hauptstraße nun schnurgerade nach **Apfelstädt**. Fast ohne Übergang gelangen wir immer geradeaus nach **Neudietendorf**.

Das Gebiet um Gotha-Erfurt-Arnstadt war einst Anbaugebiet für den Waid. Noch heute finden sich Spuren, die an den Anbau, die Verarbeitung und den

99192
Nesse-Apfelstädt
OT Neudietendorf
Tel.: 036202 / 8400
www.nesse-apfelstaedt.de

Die St.-Petri-Kirche in Wandersleben

Ein Waidmühlstein in Ingersleben

Handel mit der Pflanze erinnern: Dörfer mit stattlichen Höfen (und Waiddarren), Waidmühlen und die großen Speicherhäuser in den Städten. Der Waid wurde angebaut, um daraus ein Pulver zu gewinnen, das als Färbemittel diente. Die zweijährige Pflanze bildet im ersten Jahr eine Rosette mit Grundblättern aus. Diese Grundblätter konnte man bis zu dreimal im Jahr ernten. Nachdem die Blätter gewaschen waren, wurden sie auf Wiesen zum Trocknen ausgebreitet. Mittels Waidmühlen (ein Modell steht u. a. in Neudietendorf) wurden die Blätter zerdrückt. Diese Masse formte man zu faustgroßen Waidballen, die getrocknet wurden. Eine Weiterverarbeitung war den Bauern nicht gestattet. Die Herstellung des Farbpulvers war Monopol der Städte. Die Bauern verkauften die Waidballen an die Händler u.a. in Erfurt. Dort wurden die Ballen zerkleinert und das trockene Pflanzenmaterial mit Wasser und Ammoniak versetzt, um einen Gärungs- und Fermentierungsprozess in Gang zu setzen. Woher bekam man das Ammoniak? Den Bedarf deckte man mit bewundernswerter Logistik: da, wo die Waidspeicher (auch heute noch) stehen, da waren auch die Brauereien. Die Gäste sollten nicht nur den Gerstensaft genießen, sondern auch das Endprodukt vor Ort lassen. In großen Bottichen wurde der Urin gesammelt und man hatte den Zusatzstoff. Mit dem Farbpulver, welches man wieder aus der Trocknung bekam, konnte man verschiedene Farben (schwarz, blau, braun und grün) in Nuancen färben. Mit der Einfuhr des Indigo und später der Herstellung synthetischer Farben kam der Waidanbau zum Erliegen.

Unser Weg biegt am Anfang des Ortes nach links in einen Park ein. Kurz darauf lassen wir eine Brücke links liegen, überqueren jedoch die nächste. Dahinter liegt der Dorfplatz. Es geht geradeaus in eine Straße mit kleinen hübschen Häusern hinein. Am Schnittpunkt zur Hauptstraße fahren wir an der linken Ampelkreuzung rechts nach Ingersleben. An der gleichen Kreuzung geht der Weg ab zum Bahnhof Neudietendorf. Nach einem Kilometer ist **Ingersleben** erreicht. Dort fahren wir auf der Hauptstraße durch den Ort. An der Kirche rechts vorbei, passieren wir ein „Rittergut“ mit Heimatmuseum. Zwischen Bahnlinie und dem Fluss Apfelstädt verläuft die Straße, bis wir an einen Abzweig nach **Molsdorf** kommen. Eine neue Brücke entlastet die barocke Marientalbrücke von 1752.

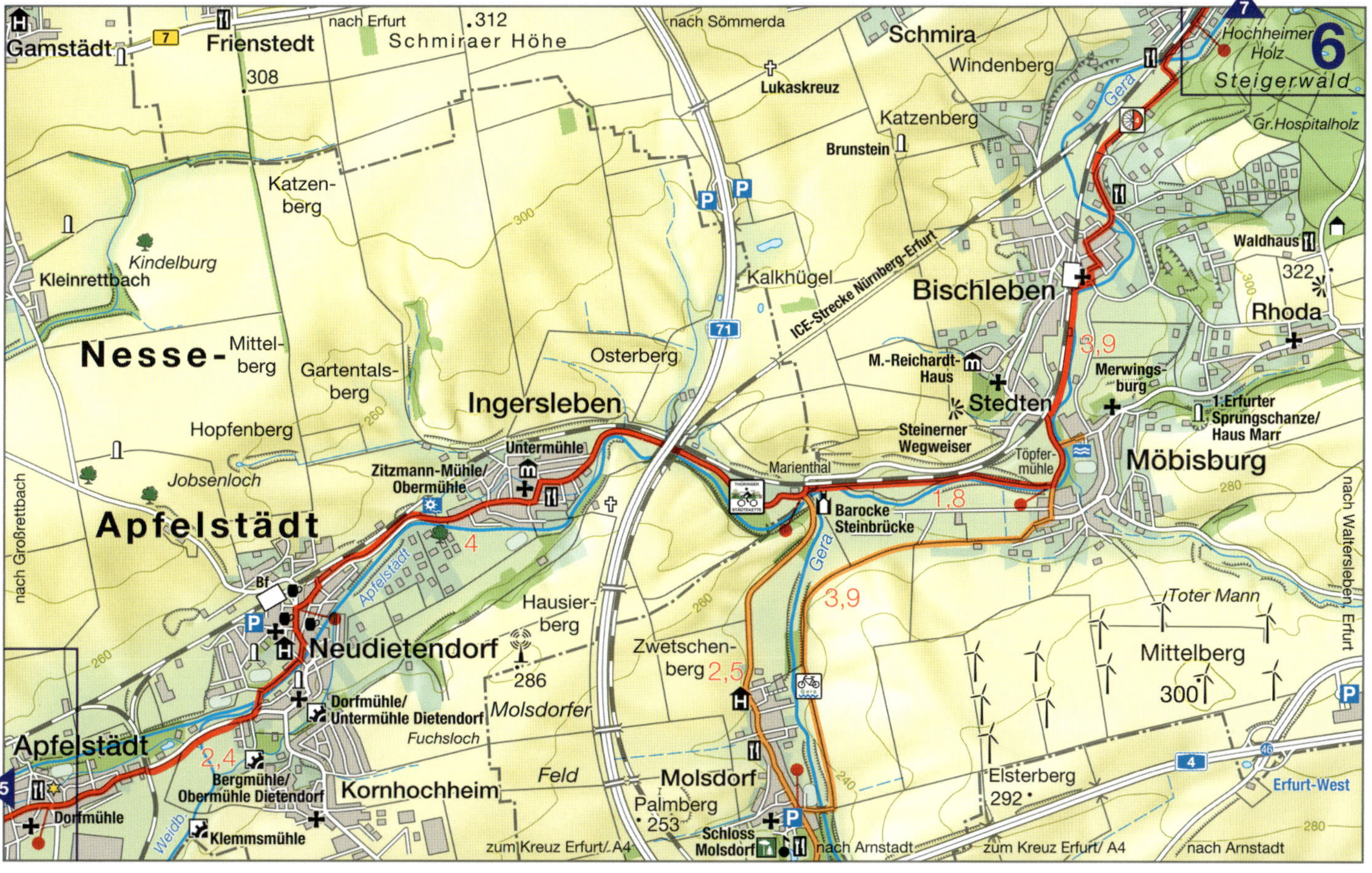
6
Steigerwald
Hochheimer Holz
Gr.Hospitalholz
Gamstädt
Frienstedt
nach Erfurt
312
Schmiraer Höhe
308
nach Sömmerda
Schmira
Windenberg
Lukaskreuz
Katzenberg
Brunstein
Katzen-berg
Kindelburg
Kleinrettbach
Kalkhügel
ICE-Strecke Nürnberg-Erfurt
Bischleben
Waldhaus
322
Rhoda
Nesse-
Mittel-berg
Gartentals-berg
Osterberg
M.-Reichardt-Haus
Stedten
Merwings-burg
1. Erfurter Sprungschanze/ Haus Marr
Ingersleben
Hopfenberg
Steinerner Wegweiser
Untermühle
Zitzmann-Mühle/ Obermühle
Jobsenloch
Marienthal
Töpfer-mühle
Möbisburg
Apfelstädt
Barocke Steinbrücke
nach Großrettbach
nach Waltersleben, Erfurt
Gera
Apfelstädt
Bf
Hausier-berg
Toter Mann
Neudietendorf
286
Zwetschen-berg
Mittelberg
300
Dorfmühle/ Untermühle Dietendorf
Molsdorfer
Fuchsloch
Feld
Apfelstädt
Bergmühle/ Obermühle Dietendorf
Kornhochheim
Molsdorf
Elsterberg
292
Erfurt-West
Dorfmühle
Klemmsmühle
Palmberg
253
Schloss Molsdorf
zum Kreuz Erfurt/ A4
nach Arnstadt
zum Kreuz Erfurt/ A4
nach Arnstadt
Weidb.
3,9
1,8
4
3,9
2,5
2,4
5
7
71
4
7
46
300
280
260
240

Schloss Molsdorf
Tel.: 036202 / 90505
www.molsdorf.de

Abstecher:
Wer die kleinen Schlösser und Parks Thüringens mag, für den lohnt sich ein Abstecher nach Molsdorf. Das hübsche Dörfchen kann für Romantiker mit einem Schatz aufwarten: dem Schloss Molsdorf. Wie man mit dem kulturellen Erbe nicht umgehen sollte, haben die Verkehrsprojektplaner bewiesen. Haarscharf verlaufen Autobahn und ICE-Trasse am Schloss vorbei.

Schloss Molsdorf

Die Glanzzeit des „Thüringer Versailles“ genannten **Schlosses Molsdorf** lag zweifellos zwischen 1733 und 1748, als hier der preußische Diplomat und Lebemann Reichsgraf Gustav Adolf von Gotter residierte. Getreu seinem Motto „Vive la joie“ (Es lebe die Freude) machte er das Haus zu einer der ersten Adressen der feudalen Gesellschaft in Thüringen. Gotter ist auch zum größten Teil das heutige Aussehen der einstigen Wasserburg zu verdanken. Eine Führung durch das Schloss vermittelt Einblicke in den Lebensstil zu Gotters Zeiten. So gibt es neben dem Festsaal, mit den 33 Portraits hochherrschaftlicher Freunde und Gönner, einen Damensalon, ein Intimes Kabinett, einen Roten Salon und ein Jagdzimmer, an dessen Gestaltung bedeutende Künstler und Handwerker des 18. Jahrhunderts mitgewirkt haben. Nach 15 glanzvollen Jahren ging Gotter das Geld aus, und er musste sein Schloss verkaufen. Die häufig wechselnden Nachbesitzer ließen Schloss und Park schnell wieder in die Bedeutungslosigkeit verfallen. Kleine Ansätze von Gestaltungswillen, so die Anlage des englischen Gartens zwischen 1822 und 1826, verliefen schnell wieder im Sande. Nach aufwändigen

Rekonstruktionsarbeiten sind Schlossmuseum und Café im Jahre 1966 wieder für die Öffentlichkeit zugänglich gemacht worden. Einen Namen hat sich Schloss Molsdorf – ganz im Gotterschen Sinne – mit seiner gut gepflegten Erotika-Sammlung gemacht. Unter Musikfreunden sind die Kammerkonzerte und die Molsdorfer Parkkonzerte ein Begriff.

Wir radeln an der historischen Brücke vorbei, und biegen vor der Bahnunterführung nach rechts in einen kleinen asphaltieren Weg ab. Nach etwa 2 km stoßen wir auf eine etwas größere Straße.

Tipp:
An heißen Tagen können wir uns hier eine Pause im Freibad Möbisburg gönnen. Dafür fahren wir rechts, über die Gera querende Brücke und rechts Richtung Freibad.

Wer den Abstecher nicht braucht, fährt geradeaus weiter bis zur Bahnüberquerung, dort nach rechts in den Bahnweg. Nun radeln wir zwischen Bahntrasse und Gera nach Bischleben. Die Radschilder weisen uns durch **Bischleben**, lassen uns rechts die Gera überqueren und am Bachstelzencafé vorbeifahren. Die kleine Asphaltstraße macht einen Bogen am Waldrand, überquert eine Brücke und setzt sich parallel zur Bahntrasse fort. Schilder weisen den Weg. Wir unterqueren die Bahntrasse und fahren auf die Motzstraße links ab auf den Kresseweg. Wir kommen auf die Hochheimer Straße, wenden uns nach links, dann nach rechts zum kleinen, im Sommer sehr beliebten „**Dreienbrunnenbad**“. Bis in Erfurts Zentrum hinein radeln wir nun immer durchs Grüne. Wir folgen einfach weiter der Ausschilderung durch den Park. An einer Stelle endet der Weg an einer Bahnbrücke: wir durchfahren diese und gleich darauf links sehen wir wieder ein Radschild.
Endet der Park und trifft auf Straßenbahnschienen, liegt schon linkerhand der **Hauptbahnhof**. Rechts erhebt sich der Erfurter Stadtpark.

Einfahrt nach Erfurt

Von Eisenach nach Erfurt (74 km)

Erfurt – die Krämerbrücke

Im Jahr 742 begann die Geschichte **Erfurts**, der heutigen Landeshauptstadt des Freistaates Thüringen. Bedeutung erlangte die Stadt sowohl als kirchliches und politisches, aber auch als wirtschaftliches Zentrum durch die Kreuzung wichtiger Handelsstraßen. Bereits im Mittelalter war Erfurt eine der wohlhabendsten und größten Städte Deutschlands. Besonders die Erzeugung und der Handel mit dem Blaufärbemittel Waid brachte Macht und Wohlstand. Bürgerhäuser mit einem überhohen Dachspeicher, der für die Lagerung und Fermentierung der Waidpflanze benötigt wurde, entstanden. Der „Waidspeicher" im Viertel der Großen Arche ist ein anschauliches Beispiel hierfür. Durch die Vielzahl von Kirchen und Klöstern wurde Erfurt auch als „Thüringisches Rom" bezeichnet. 43 Kirchen, 11 Klöster, 14 Klosterhöfe bestimmten im Mittelalter das Stadtbild. Unter ihnen ragt das Ensemble von **Dom St. Marien** und **Severikirche** heraus. Die Alte Synagoge ist die älteste bis zum Dach erhaltene Synagoge Mitteleuropas, deren Geschichte bis ins 11. Jahrhundert zurückreicht. Sie beherbergt eine Ausstellung über das Leben der Erfurter jüdischen Gemeinde im Mittelalter und präsentiert den „Erfurter Schatz". Ein weiteres Wahrzeichen der Stadt ist die 1325 aus Stein erbaute **Krämerbrücke**. Neben seiner Bedeutung als Handelsplatz erster Ordnung war Erfurt

Blick vom Domberg auf Obelisk und Turm der Allerheiligenkirche

auch ein bedeutender Ort geistigen Lebens. Der Dominikaner Meister Eckhart, der bedeutendste Vertreter der deutschen Mystik, wirkte hier über zwanzig Jahre. 1379 wurde die Universität durch das Erfurter Bürgertum gegründet. Im 16. Jahrhundert erlangte

99084 Erfurt
ⓘ **Tourismus und Marketing GmbH Touristinformation**
Tel. 0361 / 66400
www.erfurt-tourismus.de

Angermuseum
Tel.: 0361 / 6551640

Alte Synagoge
Tel.: 0361 / 6551520

Barfüßerkirche
Tel.: 0361 / 6464010

Besucherzentrum Petersberg, Kommandantenhaus
Tel.: 0361 / 6640170

Naturkundemuseum
Tel.: 0361 / 6555680

Stadtmuseum Haus „Zum Stockfisch"
Tel.: 0361 / 6555651

Museum für Thüringer Volkskunde Erfurt
Tel.: 0361 / 6555607

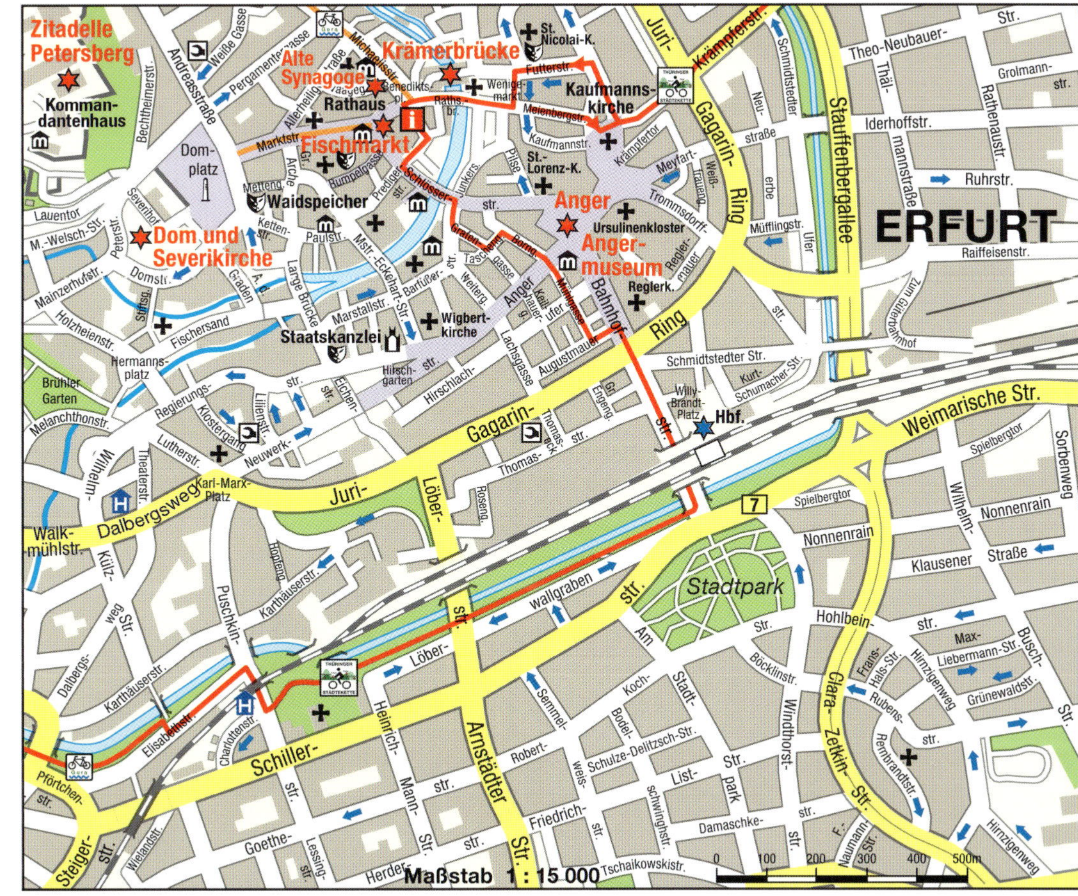

die Stadt als Zentrum der Reformation und des Humanismus erneut Bedeutung. Prächtige Bürgerhäuser stammen aus dieser Zeit: der Pack- und Waagehof (heute Angermuseum), die Kurmainzische Statthalterei, das Haus „Zum Breiten Herd“ (das Gildehaus) und das „Haus zum Roten Ochsen“ (Kunsthalle Erfurt) am **Fischmarkt**. Dort steht auch das neugotische Rathaus und eine Säule mit einem bewaffneten Krieger der einem Roland, dem Zeichen einer freien Hansestadt, ähnelt. Ein pikantes Symbol, denn Erfurt wollte sich keineswegs seine reichstädtische Freiheit von dem eigentlichen Landesherrn, dem Mainzer Bischof, nehmen lassen. Im 17. Jahrhundert verlor Erfurt mit dem Niedergang des Waidhandels an Bedeutung. Erst der sich im 18. Jahrhundert entwickelnde Gartenbau und Samenhandel verhalf der Stadt zu neuer Blüte. An diese Tradition knüpft die Gartenbauausstellung im **egapark** an. Dieser und die Zitadelle Petersberg waren 2021 Austragungsorte der Bundesgartenschau. Weiterhin erwähnenswert ist die am Domplatz liegende ehemalige Zitadelle Petersberg mit der Ausstellung im Kommandantenhaus. Der Anger, die heutige, von Patrizierhäusern gesäumte Flaniermeile Erfurts, fungierte im Mittelalter als Waidmarkt. Mit bis zu 300 Wagen, die zwischen Kaufmanns- und Wigbertikirche auffahren konnten, war er der größte Markt Deutschlands. .

Erfurt – die Krämerbrücke vom Ufer der Gera aus.

2. Etappe:

In Erfurt führt uns der Radfernweg Thüringer Städtekette auf kleinen ruhigen Straßen durch das Zentrum. Wir biegen nach links durch eine Bahnunterführung (in der das Rad mal ein Stück geschoben werden muss) in die Bahnhofsstraße ein. Gleich links offeriert das Radhaus seine Dienste: als Fahrradparkplatz und ADFC-Büro. Rechts liegt der Haupteingang zum Bahnhof, der ein ICE-Bahnhof ist.

Achtung: in Erfurt gibt es ein gut ausgebautes Straßenbahnnetz; d. h. wir müssen uns an einigen Stellen den Weg mit der Straßenbahn teilen.

Geradeaus geht es weiter ins **Zentrum**. An einer Ampel überfahren wir den „Stadtring" von Erfurt und biegen in die erste Straße links und gleich wieder rechts ab. Geradeaus kommen wir auf den **Anger**. Rechts von uns liegt das Angermuseum. Unser Weg führt jedoch geradeaus in die Borngasse. Wir folgen den Wegweisern und gelangen an der Neuen Mühle vorbei zum **Fischmarkt**. Folgt man den Straßenbahnschienen, ist man gleich darauf am **Domplatz**. Der TSK biegt jedoch vor dem Rathaus nach rechts ab zum Benediktsplatz und zur **Krämerbrücke**. Diese kann man, das Rad schiebend überqueren, oder aber rechts an ihr vorbei radeln.

Dom St. Marien und Severikirche auf dem Domberg in Erfurt

2. Etappe Von Erfurt nach Jena (48 km)

Angebote:
Jugendherberge Erfurt → *S. 94*

Touristinformation Erfurt → *S. 95*

Besucherzentrum Petersberg, Kommandantenhaus → *S. 95*

Zitadelle Petersberg

Am **Wenigemarkt** biegen wir in die Meienbergstraße ein, halten uns leicht rechts an der **Kaufmannskirche** vorbei und biegen in die **Krämpferstraße** ein. Geradeaus, vorbei am Hotel Radisson, führt ein Radweg bis zum Leipziger Platz. Wir halten uns rechts und überqueren noch einmal eine größere Straße. Von nun an folgen wir der Geschwister-Scholl-Straße durch die Krämpfervorstadt bis aus Erfurt heraus. Erst wenn wir über eine Bahnbrücke kommen, verlassen wir die Hauptstraße und fahren geradeaus auf die Fahrradstraße bergan in eine Gartensiedlung. Es geht immer geradeaus, rechts vorbei an einer Wohnsiedlung, nach der der Asphaltweg kurzzeitig zur Schotterpiste wird. Entlang dieser Strecke gibt es einen Abzweig zum 2 km entfernten Erfurter Nordstrand. In **Azmannsdorf** stößt der Weg auf eine Hauptstraße. Dort links und gleich wieder rechts in die Vieselbacher Straße. **Vieselbach** liegt nur 2 km entfernt.

Wir fahren entlang der Erfurter Allee, bis wir kurz hinter dem Ortseingang nach links in die Karl-Marx-Straße einbiegen. Wir erreichen **Wallichen**. Hier führen ebenfalls der Jakobs- und der Lutherweg entlang und Bewohner haben sich auf Pilger eingestellt. Der Ort nennt sich auch „Gartendorf".

Erfurt – der Wenigemarkt mit dem Rotem Turm der Ägidienkirche

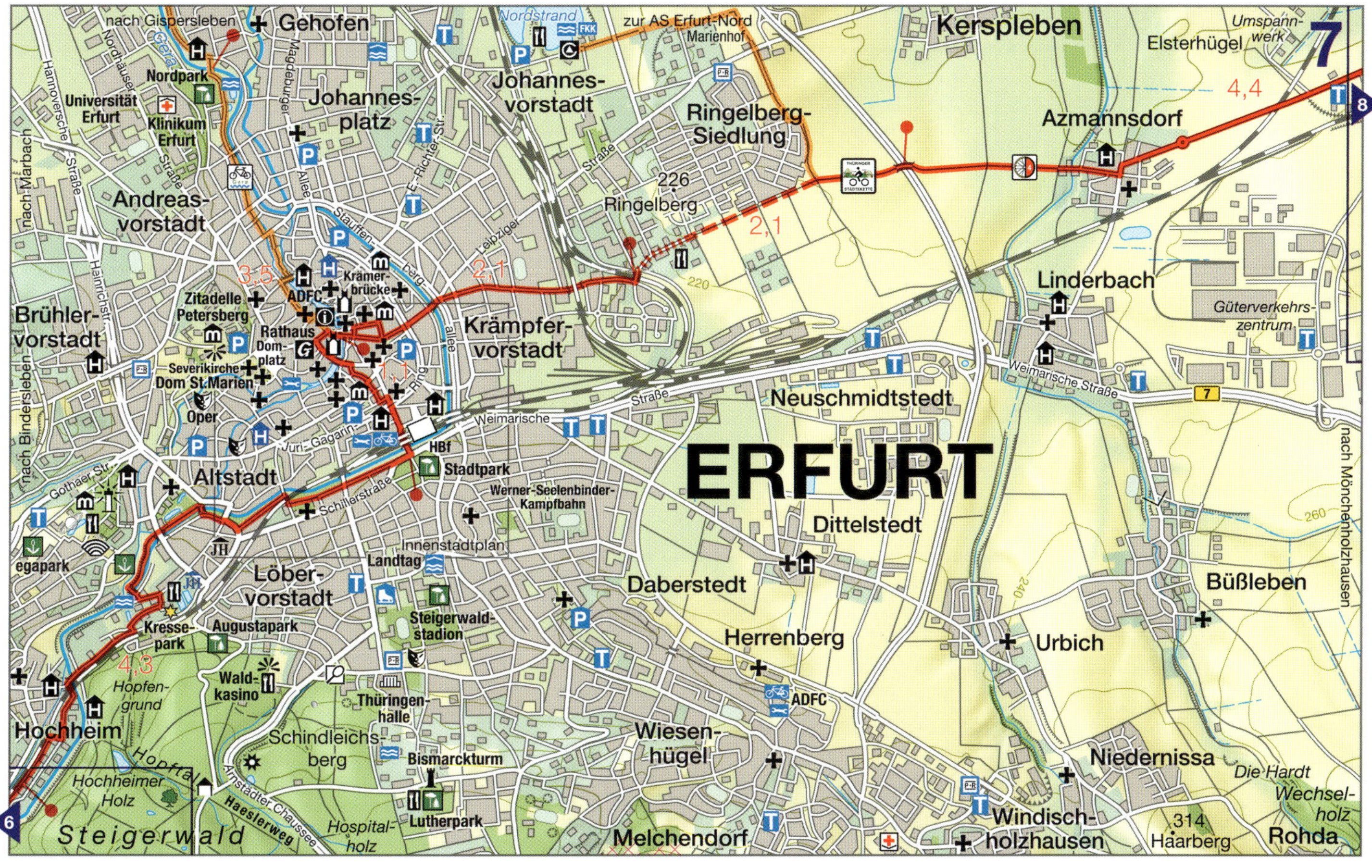

7
ERFURT
Gehofen
nach Gispersleben
Nordstrand
zur AS Erfurt-Nord
Marienhof
Kerspleben
Elsterhügel
Umspannwerk
Nordpark
Universität Erfurt
Klinikum Erfurt
Johannesplatz
Johannesvorstadt
Ringelberg-Siedlung
Azmannsdorf
4,4
8
Andreasvorstadt
226
Ringelberg
2,1
Krämerbrücke
ADFC
3,5
Zitadelle Petersberg
Rathaus
Domplatz
Krämpfervorstadt
Linderbach
Güterverkehrszentrum
Brühlervorstadt
Severikirche
Dom St.Marien
Oper
1,1
Weimarische Straße
Neuschmidtstedt
7
HBf
Stadtpark
Werner-Seelenbinder-Kampfbahn
Altstadt
Schillerstraße
Dittelstedt
egapark
Innenstadtplan
Landtag
Löbervorstadt
Daberstedt
Büßleben
Kressepark
Augustapark
Steigerwald-stadion
Herrenberg
Urbich
4,3
Hopfengrund
Waldkasino
Thüringenhalle
ADFC
Hochheim
Schindleichsberg
Bismarckturm
Wiesenhügel
Niedernissa
Die Hardt
Wechselholz
Hochheimer Holz
Lutherpark
Windischholzhausen
314
Haarberg
Rohda
6
Steigerwald
Haesslerweg
Arnstädter Chaussee
Hospitalholz
Melchendorf
nach Marbach
nach Bindersleben
nach Mönchenholzhausen
Gothaer Str.
Juri-Gagarin-Ring
Leipziger Straße
Stauffenbergallee
Magdeburger Allee
Nordhäuser Straße
Hannoversche Straße
Heinrichstr.

99428
VG Grammetal
ⓘ **Gemeinde Niederzimmern**
Tel.: 03643 / 83110
www.vg-grammetal.de

Der Wartturm (nach 1346) in Niederzimmern gehörte zum Grenzsicherungssystem der Stadt Erfurt.

Der nächste Ort **Niederzimmern** wird auf der Hauptstraße, an der Kirche vorbei, durchfahren. Bis uns ein Wegweiser nach links in den Wald lenkt. Ist gerade Saison, steigt uns ein intensiver Knoblauchgeruch in die Nase. Der schattige, feuchte Waldboden ist bedeckt von Bärlauchpflanzen. 2,3 km vor **Hopfgarten** erreichen wir wieder die Landstraße und fahren links. Nach einer kleinen Steigung sehen wir die Talsperre Hopfgarten, die nach Sanierung im Jahr 2021 wieder gefüllt werden soll. Die Erhebung weiter oben links ist der Ettersberg. Der Glockenturm der Gedenkstätte **Buchenwald**, den wir nun immer besser sehen, erinnert an die dunkle Vergangenheit dieses Ortes.

Auf dem Hausberg Weimars, dem Ettersberg, betrieben die Nationalsozialisten von Juli 1937 bis zum 11. April 1945 das **Konzentrationslager Buchenwald**. Von den über 250.000 Häftlingen kamen hier über 56.000 zu Tode. Heute ist Buchenwald ein Sinnbild für die radikale Konsequenz, mit der Menschen im Nationalsozialismus aus der Gesellschaft ausgegrenzt wurden. Von 1945 bis 1950 nutzte die Sowjetunion das Gelände für ein Speziallager, nach 1958 baute die DDR die „Nationale Mahn- und Gedenkstätte" zur größten deutschen KZ-Gedenkstätte aus. Sie wurde nach 1990 neu konzipiert und für die Erinnerung an das Schicksal weiterer Opfergruppen geöffnet. Neue

Luftaufnahme des Mahnmals Buchenwald

8
Klein-
mölsen
Großmölsen
nach Ollendorf
Linsenhügel
195
195
Karnberg
Wolfsbach
Dinkberg
226
Erfurter
Blick
Klappertal
nach Hottelstedt
Gedenkstätte
Buchenwald
Krematorium
Buchen-
wald
Abseitengraben
Gramme
Hoher Berg
238
FND
Wallichen-
berg
232
Wallichen
Ottstedt
am Berge
Gottesgraben
Wolfsbach
Vieselbach
4,5
Mühlgraben
Gramme
Nieder-
mühle
Wartenberg
Wartturm
Kräuter-
garten
Glockenturm
nach Weimar
Galgen-
berg
3,5
Hoftheater
Nieder-
zimmern
Vieselbach
Großer
Hasenberg
227
4,2
Talsperre
Hopfgarten
Kratzbach
Kleine Trift
Große Trift
Hundsberg
Daasdorf
am Berge
7
Flachshügel
Wartturm
Espich
Ahlsberg
254
Rammels-
berg
Weimarbach
Waldhaus
Hochstedt
Pfaffen-
berg
Utzberg
Hopfgarten
2,1
Hundsberg
281
9
Talsperre
Vieselbach

Von Erfurt nach Jena (48 km)

99423 Weimar
ⓘ **Touristinformation**
Tel.: 03643 / 7450
www.weimar.de

Haus der Weimarer Republik
Tel.: 03643 / 9089021

Angebote:
Touristinformation Weimar *→ S. 96*

Jugendherbergen in Weimar
- *„Am Ettersberg"*
- *„Germania"*
- *„Am Poseckschen Garten"*
- *„Maxim Gorki"*

→ S. 94

Ausstellungen ermöglichen heute den Blick auf die Kontexte der Verbrechen.

In **Hopfgarten** umrunden wir die Ortsmitte und verlassen es durch eine Bahnunterführung. Links hinter der Unterführung geht es auf grobem Pflaster etwa 300 m bergan. Oben angelangt, radeln wir auf nunmehr asphaltiertem Grund in leichtem Auf und Ab immer geradeaus. Es geht durch Wald und Obstalleen bis **Tröbsdorf**. Dort fahren wir links an der Kirche vorbei. Wir überqueren die Weimarer Umgehungsstraße B7. Wir folgen der Schwanseestraße bis zur Ampelkreuzung und biegen rechts ab.

Weimar – der Schlossturm

Der Radweg führt uns zum Schwanseebad und Weimarhallenpark. Es geht nun immer geradeaus ins Zentrum von **Weimar** und wir gelangen auf den Goetheplatz.

Tipp:
Wer den Klassikern seine Aufwartung machen möchte, hält sich nun rechts. Auf der anderen Straßenseite führt eine Fuß- und Radpromenade am „Kasseturm" und „mon ami" vorbei direkt zum Eingang der Fußgängerzone. Das Rad muss hier bis zum Theaterplatz und der sich daran anschließenden Schillerstraße geschoben werden.

9
Kromsdorf
Lützendorf
nach Buchenwald
nach Schöndorf
Gabern-
dorf
Weimar-Nord
Siedlung
Rödchenweg
Siedlung
Landfried
Schloss
Tiefurt
Eisenbahn-
museum
Tiefurt
Daasdorf
am Berge
Hopfberg
Hbf.
Steinberg
Espich
Waldhaus
Weimar-
West
Bauhaus-
museum
Webicht
Hundsberg
281
Alpakafarm
Max-Greil-
Siedl.
Berkaer Bf.
Tröbsdorf
Erfurter
Jenaer Straße
Lindenberg
Lindenberg
Ulla
Goethe-
Schiller-
Denkmal
Park
an
der
Ilm
Goethes
Gartenhaus
Lottenb.
Neuwallendorf
WEIMAR
Papierbach
Oberweimar
nach Nohra
Am Bahnhof Nohra
Innenstadtplan
Belvederer Allee
Bienen-
museum
Hp
Nieder-
grunstedt
Kipper-
quelle
Ehrings-
dorf
Kirschbach
Ilm
Taubach
Ober-
grunstedt
Autobahn-
kirche
Gelmeroda
Schloss
Belvedere
Orangerie
Parkanlage
Neu Ehringsdorf
Weinberg
Lindenhof
Oberbüschen
nach Legefeld
Schirmteich
280
8
10

2. Etappe Von Erfurt nach Jena (48 km)

Angebot:
Fremdenverkehrsverband Weimarer Land
→ S. 96

Weimar Bereits im Jahre 1547 war Weimar Residenz des Herzogtums Sachsen-Weimar. Die Geschichte Weimars als Klassikerstadt beginnt 1758 mit der Regentschaft der Herzogin Anna Amalia. Ihr ist es zu verdanken, dass Weimar heute als das Zentrum der deutschen Klassik gilt. Sie stellte den Dichter Wieland 1722 als Prinzenerzieher für ihren Sohn ein. Johann Wolfgang v. Goethe kam 1775 auf Einladung von Carl August nach Weimar. Goethe übernahm bis 1786 die Stelle eines Ministers und kümmerte sich um Finanzen, Wirtschaft, Straßenbau und den Bildungssektor. Auf seine Veranlassung wurde im Jahre 1776 Herder als Generalsuperintendent angestellt. Friedrich Schiller wechselte 1799 von Jena nach Weimar. Im „Silbernen Zeitalter" kam 1848 Franz Liszt auf Veranlassung der Großherzogin Maria Pawlowna und wirkte als Hofkapellmeister.

Weimar – Bauhaus-Museum

Weimar blieb Anziehungspunkt und Impulsgeber für neue Strömungen. 1919 wurde auf der Nationalversammlung im Deutschen Nationaltheater die Verfassung der Weimarer Republik verabschiedet. Im gleichen Jahr gründete Walter Gropius das „Staatliche Bauhaus". Hier lehrten Künstler wie Paul Klee, Lyonel Feininger, Wassili Kandinsky u. a. Mehr darüber erfährt man im **Bauhaus-Museum Weimar** nahe des Weimarhallenparks. Im Wittumspalais, kann man die Atmosphäre erahnen, die während der berühmten Tafelrunden der Herzogin Anna Amalia herrschte. Auf dem Theaterplatz stehen die berühmtesten Dichter der Stadt, vereint in gleicher Größe auf dem bekannten **Goethe-Schiller-Denkmal** von 1857. In der heutigen Schillerstraße wohnte Friedrich Schiller drei Jahre bis zu seinem frühen Tod 1805. **Schillers Wohnhaus** dokumentiert das Wohn- und Arbeitsfeld des Dichters. Nur einen Steinwurf davon entfernt steht **Goethes Wohnhaus** am Frauenplan, ein spätbarockes Bürgerhaus, das Goethe 47 Jahre bis zu seinem Tode am 22. März 1832 bewohnte.Während Schillers Wohnhaus von gediegener bürgerlicher Atmosphäre geprägt ist, mutet Goethes Haus am Frauenplan wie ein herrschaftliches Palais an. Goethes Sammlungs-

99423 Weimar

Goethe Nationalmuseum
Ständige Ausstellung
Lebensfluten – Tatensturm
Tel.: 03643 / 545400

Schillers Wohnhaus
Tel.: 03643 / 545400

Albert-Schweitzer-Begegnungsstätte
Tel.: 03643 / 202739

Liszt Haus
Tel.: 03643 / 545400

Haus der Weimarer Republik
Tel. 03643 / 9089021

Wittumspalais
Tel.: 03643 / 545400

Nietzsche-Archiv
Tel.: 03643 / 545400

Kirms-Krackow-Haus
Tel.: 036450 / 30460

Goethes Gartenhaus
Tel.: 03643 / 545400

Haus Hohe Pappeln
Tel.: 03643 / 545400

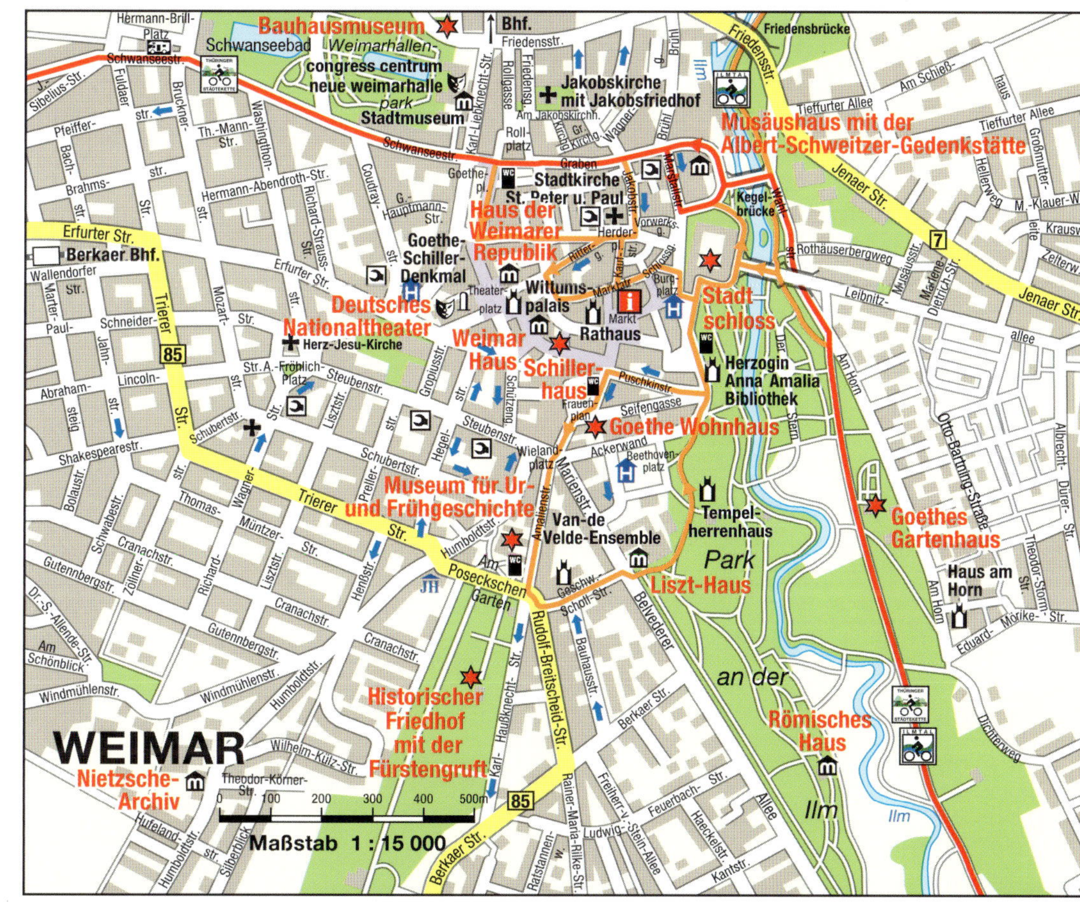

99423 Weimar
Deutsches Bienenmuseum
Tel.: 03643 / 4920401

Angebot:
Kipperquelle → S. 97

und Forschertätigkeit prägt die Räume. Wie zum Beispiel die berühmte Zimmerflucht: Durch fünf Türen hindurch ergeben die Farben der einzelnen Räume die gesamte Farbpalette. Am Museum für Ur- und Frühgeschichte vorbei, gelangt man zum Historischen Friedhof mit der Fürstengruft, der Grabstätte Goethe und Schillers. Ein kurzer Weg ist es von der Klassik zu den Anfängen der Moderne. In der Geschwister-Scholl-Straße steht das von Henry van de Velde entworfene Hauptgebäude der ehemaligen Kunstgewerbeschule, in der 1919 das Staatliche Bauhaus gegründet wurde und sich heute die Bauhaus-Universität Weimar befindet. In der ehemaligen Hofgärtnerei, auf der anderen Seite der Marienstraße, wohnte Franz Liszt. Hier beginnt der **Ilmpark**. Der Park erstreckt sich beiderseits der Ilm und wurde nach Art der englischen Landschaftsparks angelegt. Viele Details entstanden durch Goethes Initiative, unter anderem das Römische Haus. Im **Gartenhaus** mit dem ihn umgebenden Garten lebte und arbeitete Goethe. Hierhin zog er sich zurück, wenn er ungestört sein wollte. In einem Bogen nach links kommt man an dem Haus der Charlotte von Stein, der großen Seelenfreundin Goethes, vorbei zur Herzogin-Anna-Amalia-Bibliothek. Das durch den verheerenden Brand 2004 zerstörte Gebäude ist wieder hergerichtet und nach Anmeldung ist diese schöne Bibliothek zu besichtigen. 2005 wurde gegenüber das neue Studienzentrum der Anna Amalia Bibliothek eingeweiht. Das **Stadtschloss** beherbergt die Kunstsammlungen zu Weimar. Es wird derzeit saniert. Links daran vorbei und bevor es über die Ilmbrücke geht, liegt links an einem kleinen Platz das Musäushaus mit der Albert-Schweitzer-Gedenkstätte.

Weimar – Markt mit Stadthaus und Cranachhaus

Den Goetheplatz überqueren wir geradeaus und gelangen in die leicht abschüssige Straße „**Am Graben**“. Weiter unten biegen wir rechts in eine Pflasterstraße zum Marstall ab. Der Marstall wurde bereits 1816 von Großherzog Carl-August in Auftrag gegeben, aber erst unter seinem Sohn Carl Alexander im Jahre 1873 im Neorenaissance-Stil beendet. Heute werden die Räume vom Hauptstaatsarchiv Thüringen genutzt. Vor uns

10
nach Apolda
Hohlstedt
Taubach
Sonnenberg
Hammerstedt
Stelzberg
Dienstberg
Kötschauer Höhe
Ilmtal-Str.
Bf
Steingraben
Ilm
Mellingen
Hain-holz
1,5
Unter-mühle
Lehnstedter Str.
4,1
Lehnstedt
Groß-schwabhausen
Obermühle
Hausberg
Magdalaer Straße
Ölmühle
3,5
Bf
Feininger-turm
Lauenberg
319
Köttendorf
Apolda
Klein-schwabhausen
Umspannwerk
Hain
Auf dem Melm
nach Oettern, Bad Berka
Heinrichs-burg
Magdel
347
Schwabhäuser Berg
NSG Großschwabhäuser Hain
Wasserberg
Luisenruhe
Ottstedter Berg
334
Wüstkirchgraben
Döbritschen
Ölmühle
Wiesen-mühle
Kilians-roda
Vollradis-roda
Mechel-roda
Bauern-holz
Ottstedt
MAGDALA
Linda
Freizeitgelände "Grotte"
nach Blankenhain
nach Maina
Steinhügel

Weimar – Goethes Gartenhaus im Park an der Ilm

liegt nun das Weimarer Schloss. Umrunden wir den Marstall, gelangen wir zu einer Brücke, die über die Ilm führt. Wir nehmen die asphaltierte Straße nach rechts, unterqueren eine weitere Brücke, die Sternbrücke, und gelangen geradeaus in den **Ilmpark**. Dieser für Radfahrer zugängliche Hauptweg, führt am **Goethe-Gartenhaus** vorbei.

Wir orientieren uns nun an den Radwegweisern. Nach etwa 1,5 km verlassen wir den Park, und treffen auf das **Bienenmuseum**.

Das **Bienenmuseum** ist das älteste seiner Art in Deutschland. Es wurde von Pfarrer Gerstung im Jahre 1907 gegründet und befindet sich in einer sehr schönen Anlage, direkt an der Ilm gelegen, mit einem hübschen Gärtchen, in dem ein Bienenhaus und eine alte Wachspresse im Laubenganghaus stehen. Im Hauptgebäude sind historische Bienenbeuten ausgestellt, dazu erfährt man einiges über die Geschichte der Imkerei in Deutschland. Kinder sind begeistert, wenn sie dem Bienenvolk zusehen, das ins Museum fliegen darf – streng gesichert natürlich. Wer mag, kann sich in die „Sprache" der Bienen vertiefen. Vom Schwänzeltanz bis zum Summkonzert beim Schwärmen, alles wird ausführlich und mit moderner Technik erklärt. Gastronomisch betreut ein kleines Café die Besucher und im Hofladen kann man sich mit allerlei Produkten aus der Bienenproduktion eindecken.

Gleich darauf überqueren wir eine Straße, und an der **Oberweimarer Kirche** vorbei, den Schildern folgend, auch eine kleine Brücke. An der **Ehringsdorfer Kipperquelle** überqueren wir die Straße. Das einstige Gasthaus „Zur Kipperquelle" direkt am Radweg beherbergt Thüringens erstes Radfahrer-Hotel. Daran vorbei gelangen wir auf den idyllischen, ruhigen Weg durch die Ilmwiesen.

Jetzt kann man seine Seele baumeln lassen und gemütlich dahin radeln. Vorbei an der Taubacher Mühle gelangen wir ins 2 km entfernte **Mellingen**.

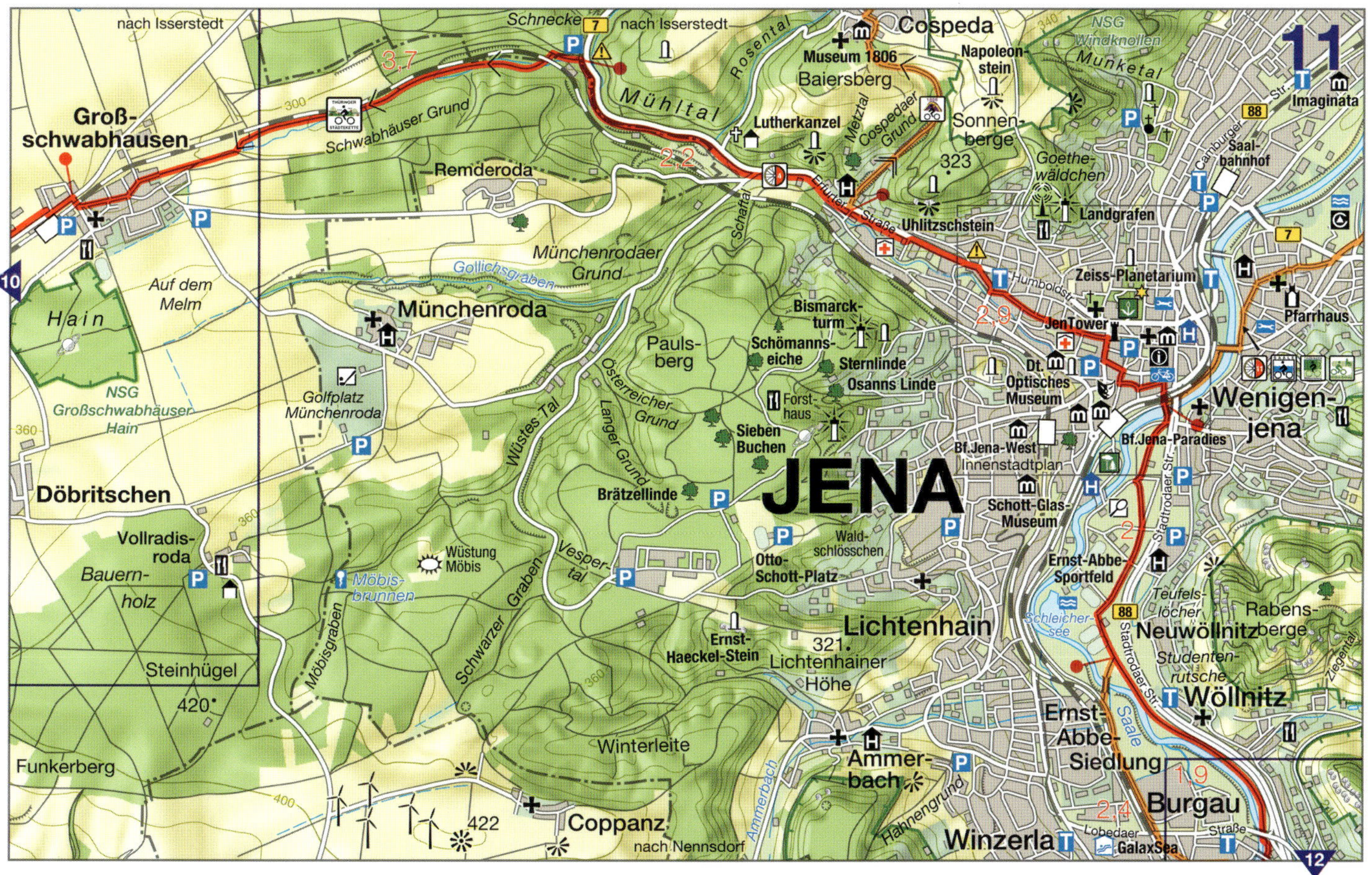

11
JENA
Cospeda
Museum 1806
Baiersberg
Napoleonstein
Sonnenberge
Mühltal
Rosental
Lutherkanzel
Remderoda
Schwabhäuser Grund
Schnecke
nach Isserstedt
Groß-schwabhausen
Hain
Auf dem Melm
NSG Großschwabhäuser Hain
Münchenroda
Münchenrodaer Grund
Gollichsgraben
Golfplatz Münchenroda
Döbritschen
Vollradis-roda
Bauern-holz
Steinhügel
Funkerberg
Möbisbrunnen
Wüstung Möbis
Möbisgraben
Schwarzer Graben
Wüstes Tal
Österreicher Grund
Langer Grund
Vespertal
Paulsberg
Bismarckturm
Schömannseiche
Sternlinde
Osanns Linde
Forsthaus
Sieben Buchen
Brätzellinde
Otto-Schott-Platz
Waldschlösschen
Ernst-Haeckel-Stein
Lichtenhain
Lichtenhainer Höhe
Winterleite
Coppanz
nach Nennsdorf
Ammerbach
Hahnengrund
Winzerla
Uhlitzschstein
Erfurter Straße
Cospedaer Grund
Metztal
Schaftal
Goethewäldchen
Landgrafen
Zeiss-Planetarium
JenTower
Dt. Optisches Museum
Bf.Jena-West
Innenstadtplan
Schott-Glas-Museum
Bf.Jena-Paradies
Ernst-Abbe-Sportfeld
Schleichersee
Saale
Ernst-Abbe-Siedlung
Burgau
Lobedaer Straße
GalaxSea
Stadtrodaer Str.
Neuwöllnitz
Wöllnitz
Teufelslöcher
Rabensberge
Studentenrutsche
Ziegenhain
Wenigenjena
Pfarrhaus
Saalbahnhof
Camburger Str.
Imaginata
Munketal
NSG Windknollen
Humboldtstr.
3,7
2,2
2,9
2
1,9
2,4
323
321
420
422
300
360
400
10
12

Von Erfurt nach Jena (48 km)

Jena – Marktplatz mit Stadtmuseum

Achtung! Gleich am Ortsanfang biegen die Feininger- und Ilmtalroute nach rechts ab, während der Radfernweg TSK geradeaus in den Ort führt.

Nachdem wir die Ilm überquert haben, fahren wir rechts, in die Brauhausstraße, dann wieder rechts in die Weimarische Straße, um links in die Lehnstedter Straße zu biegen. Dann wieder links die Karl-Friedrich-Straße entlang und rechts in die Schenkgasse, um die Umgehungsstraße zu überqueren. Wir fahren auf dem Hammerstedter Weg, dann mit einen kleinen Rechtsschlenker zur Bahnunterführung und auf der anderen Seite rechts den Weg entlang der Bahnstrecke.

Nach 3 km erreichen wir **Lehnstedt**. Wir bleiben auf der Hauptstraße, lassen den nächsten Ort **Kleinschwabhausen** und die Brücke der Ortsumgehung rechts liegen und überqueren erst in **Großschwabhausen** die Gleise. Hier ist der höchste Punkt der Strecke ereicht. Wegweiser zeigen den Weg durch den Ort. Schon liegt das Dorf hinter uns, und es beginnt die schöne, fast 10 km lange Abfahrt durch den kühlen Schwabhäuser Grund nach **Jena**. Nach einem Bahntunnel halten wir uns rechts, dann links bis wir auf einen straßenbegleitenden Radweg der B7 kommen. Er geleitet uns durchs Mühltal stadteinwärts. Wir fahren weiter auf der Erfurter Straße entlang, an der Braugaststätte „Papiermühle“ vorbei.

Abstecher:

Hier zweigt der „Napoleonradweg 1806“ ab. Er führt links steil bergauf durch den Cospedaer Grund zu den Schlachtfeldern von 1806.

Wir folgen straßenbegleitend der B7 bis sich diese Humboldtstraße nennt. Die Erfurter Straße biegt rechts ab und mündet nach einer Kreuzung in die August-Bebel-Straße. An der nächsten Kreuzung biegen wir rechts in die Semmelweisstraße ein, die uns ins Zentrum führt.

Radvergnügen

Das am Mittellauf der Saale gelegene **Jena** wurde 1236 als Stadt beurkundet – damals war es eine alte Weinbauernsiedlung. Die Stadt liegt südländisch

07743 Jena
Jena Touristinformation
Tel.: 03641 / 498050
www.visit-jena.de

Botanischer Garten
Tel.: 03641 / 949274
www.botanischergarten.uni-jena.de

Deutsches Optisches Museum
Wiedereröffnung 2023 geplant
www.deutsches-optisches-museum.de

Romantikerhaus
Tel.: 03641 / 498249
www.romantikerhaus-jena.de

Phyletisches Museum
Tel.: 03641 / 949180
www.phyletisches-museum.de

Stadtmuseum & Kunstsammlung Jena
Tel.: 03641 / 498250
www.museen-jena.de

07751 Jena – Cospeda
Museum 1806 zur Doppelschlacht bei Jena und Auerstedt
Tel.: 03641 / 820925
www.stadtmuseum-jena.de

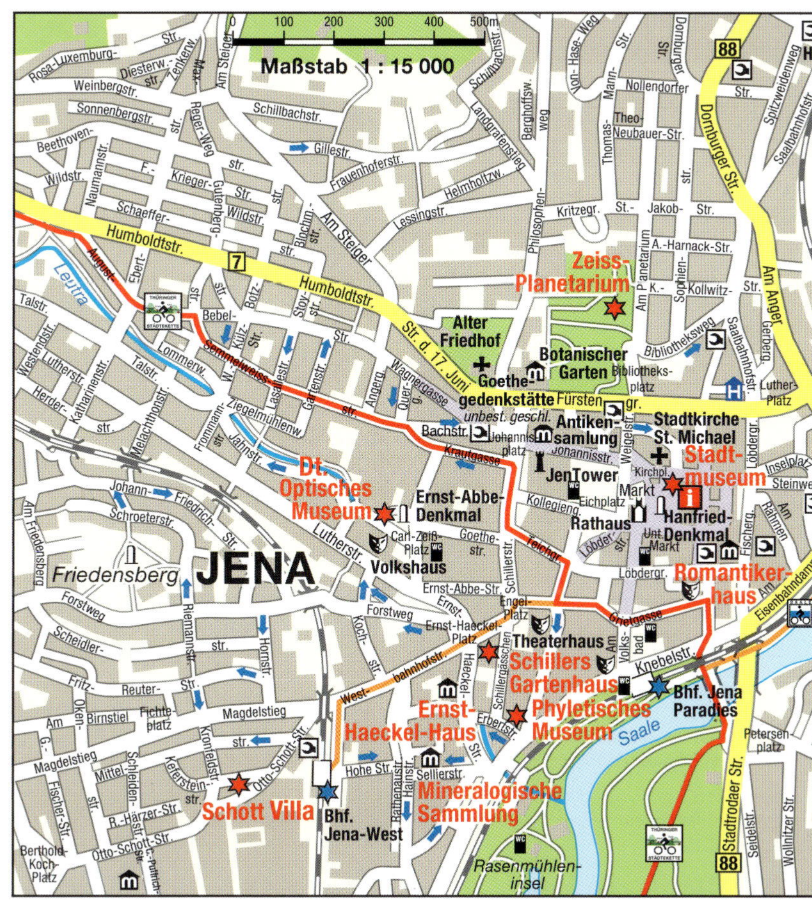

07743 Jena
Phyletisches Museum
Tel.: 03641 / 949180
www.phyletisches-museum.de

Stadtmuseum & Kunstsammlung Jena
Tel.: 03641 / 498250
www.museen-jena.de

07745 Jena
Schillers Gartenhaus
Tel.: 03641 / 9401070
www4.uni-jena.de/Gartenhaus

Schott Villa
Tel.: 03641 / 6815304
www.schott.com/museum

Jenas Stadtkirche St. Michael

anmutend zwischen hohen Muschelkalkfelsen eingebettet. Die 1548 gegründete Hohe Schule, ab 1558 Universität, zog Buchdruck, Buchhandel und Verlagswesen an und erwarb sich internationalen Rang. Nach 1785 – gefördert durch den Dichter und Minister Goethe – erlebte die Stadt ihre klassische Zeit. In Jena und an seiner Alma mater Jenensis lehrten Schiller, Fichte, Hegel, Feuerbach, Hufeland, Haeckel, Abbe u. v. a.
Mit der Schlacht von Jena und Auerstedt 1806 wird Jena zum Schauplatz europäischer Geschichte. Vierzig Jahre später begann mit der Zusammenarbeit des optischen Feinmechanikers und Unternehmers Carl Zeiss, dem Physiker Ernst Abbe und dem Chemiker Otto Schott ihr Aufstieg zu Weltruhm. Die Universität, eine Fachhochschule sowie mehrere renommierte und international bekannte Firmen und eine Vielzahl von wissenschaftlichen Instituten bestimmen die wirtschaftliche Entwicklung Jenas zum Wissenschafts- und Technologiezentrum in Thüringen. Vielfältig ist die Auswahl der

Südliches Flair in Jena – in der Wagnergasse

Museen und sehenswerten Forschungseinrichtungen, wie dem von Ernst Haeckel begründeten **Phyletischen Museum** (Abstammungslehre), dem **Botanischen Garten**, dem **Zeiss-Planetarium** oder der mehr als 200 Jahre alten **Mineralogischen Sammlung**. Das **Deutsche Optische Museum** präsentiert neben einer Vielzahl optischer Geräte auch die Firmengeschichte von Carl Zeiss. In der **Schott Villa**, in der einst Otto Schott wohnte, berichtet eine Ausstellung über sein Leben, die Firmengeschichte und die Geschichte des Spezialglases. Gegenüber vom romantischen **Schillers Gartenhaus** findet alle Sommer wieder die „Kulturarena", das beliebte Open-Air-Festival, vor dem **Theaterhaus** statt. Im **Romantikerhaus** befindet sich weltweit das einzige Museum zur literarischen Frühromantik. In der „Göhre" am Markt sind die städtische Kunstsammlung und die **Ausstellung zur Stadtgeschichte** sehenswert.

Angebot:
Akademiehotel Jena
→ *S. 97*

Planetarium in Jena

Zeiss-Planetarium
Tel.: 03641 / 885488
www.planetarium-jena.de

Sammlung Antiker Kleinkunst
Tel.: 03641 / 944827

Lobdeburg über Lobeda – Hier führt der Radweg über den begrünten Autobahntunnel in Lobeda.

3. Etappe:

Wer in Jena die Radtour beginnen möchte, folgt einfach den Städtekettewegweisern vom Bahnhof Jena-Paradies hinab in die Stadt. Wir stehen vor dem ehemaligen Uniturm, heute JenTower, *dem* Wahrzeichen Jenas.

Tipp:
Der JenTower markiert auch gleichzeitig das Stadtzentrum Jenas. Von hier aus sind die Altstadt, die Jena Touristinformation und einige Sehenswürdigkeiten leicht zu erreichen.

Die Städtekettebeschilderung lässt leicht den Weg durch die Innenstadt finden. Erst rechts vorbei am Turm, dann vor der **Goethe Galerie** nach links schlängelt sich der Weg gut ausgeschildert bis zur Saale.

Wir überqueren die rote Paradiesbrücke, und biegen danach an der Pumpstation rechts in den Park ab. Das nächste größere Ziel ist Stadtroda (18 km). Vorbei am **Ernst-Abbe-Sportfeld** erreichen wir eine Gabelung.

Der Turm der Stadtkirche St. Michael spiegelt sich in der Fassade des JenTowers.

Zwei Möglichkeiten: Nach links weist der TSK-Radweg längs der B88 in Richtung Burgau und weiter bis Jena-Lobeda.

Alternative:
Nicht ganz so geradlinig, dafür jedoch angenehmer und ruhiger ist der Weg nach rechts, entlang der Straßenbahnschienen, bis zu einem Gleisdreieck. Dort überqueren wir die Schienen und nehmen mit Schwung den kleinen Weg hinauf zum **Bahndamm**. Auf einer Pflasterstraße geht es rechts an der Kirche vorbei durch den Ort **Burgau**, bis links ein Weg zu einer alten Steinbrücke abzweigt. Hinter der alten Burgauer Brücke lädt ein idyllischer **Biergarten**, im Volksmund die „**Wasserelse**“ genannt, zu einer Rast ein. Überqueren wir die historische Brücke, treffen wir wieder auf unseren TSK-Radweg und setzten ihn geradeaus fort.

Links von uns liegt nun das Plattenbaugebiet Jena-Lobeda. Mit Schwung radeln wir den neuangelegten Radweg hinauf zum begrünten „Dach“ des **Lobdeburgtunnels**. Bäume, Bänke und Aussichtspunkte lassen vergessen, dass unter uns endloser Autobahnverkehr dahin fließt. Am Ende des Tunnels, verlassen wir den Parkweg nach rechts und radeln erst auf ein Gewerbegebiet zu, dann auf einer kleinen idyllischen Straße bis zur Querverbindung Maua–Rutha.

In **Rutha**, bieten sich zwei Optionen an: geradeaus der TSK-Beschilderung nach parallel zur Stadtrodaer Landstraße und dann nach rechts Richtung Zöllnitz.

Jena – Schillers Gartenhaus

Von Jena nach Gera (59 km)

Tipp:
Rechts durch Rutha führt der Weg auf einer kleinen ruhigen Straße durch das Rodatal. Nachdem der Fluss Roda überquert ist, biegen wir nach links und erreichen **Zöllnitz**. Wir fahren an der Kirche vorbei und treffen gleich darauf wieder auf die TSK-Schilder.

Jena – die Brücke in Burgau

Von Zöllnitz schlängelt sich ein schmaler Asphaltweg durch die Flussaue der Roda zum 2 km entfernten **Laasdorf**. Nach weiteren 2 km ist **Gernewitz** erreicht. Noch vor dem Ort geht es nach rechts in einen schönen Wiesengrund. Kurz vor **Stadtroda** zweigt der Weg links, nach unten auf eine Schotterpiste ab.

Abstecher:
Wer möchte, kann wenige hundert Meter weiter geradeaus fahren und sich in Stadtroda umsehen. Wir gelangen auf die Hauptstraße, die rechts bergan, an einem ehemaligen **Zisterzienserkloster** vorbei in das Zentrum führt. Nach einer Schleife durch die Stadt nehmen wir die Hauptstraße bergab Richtung Jena. An ihrem Fuße treffen wir wieder auf Wegweiser: rechts zum Zeitzgrund und links zum Bahnhof von Stadtroda.

Die Entstehung von **Stadtroda** geht auf ein **Zisterzienserkloster** zurück, das 1250 von den Lobdeburger Grafen gegründet wurde. Infolge der Säkularisierung im 16. Jahrhundert blieb jedoch nur die Ruine der Kirche erhalten. Die Stadt selbst

12
JENA
Burgau
Lobeda
Lobdeburg
Johannisberg
Sommerlinde
NSG Kernberge und Wöllmisse
Lammsbauch
Vorwerk Fraitsch
Culmberg 369
Einsiedlerberg 389
Rabis
Zöttnitz
Mennewitz
nach Schöngleina
Trockhausen
Schlöben
Himmelreich
Gröben
Drackendorf
Park Drackendorf
Lobeda-Ost
Ilmnitz
Priesen
259 Forstberg
Speicher Podelsatz
Lotschen
Scheermühle
Podelsatz
Bf.Jena-Göschwitz
Lobeda-West
Jena-Zentrum
Göschwitz
Jena-Göschwitz
Saale
Roda
Rutha
Bf.Neue Schenke
Gewerbegebiet
Heide
Hainbücht
Denkmalhof
Gernewitz
Maua
Rabenschüssel
Eichberg
Sulza
Zöllnitz
Untermühle
Bomberg
Laasdorf
Strohatelier
STADTRODA
Felsenberg
Schiebelau
Kulm
Gr. Rödel
Kl. Rödel
Quertal
Rausdorf
283 Lindenberg
Helenenstein
Trockental
Wanderheim Helenenstein
Redel
nach Großbockedra
Grüntal
Rothenstein
nach Kahla
1,9
3,6
0,8
2
2,2
4,1
2,5

Von Jena nach Gera (59 km)

07646 Stadtroda
ⓘ Stadtinformation
Im Rathaus
Tel.: 036428 / 4410
www.stadtroda.de

Stadtroda – Stadtansicht

entwickelte sich im engen, von roten Felswänden begrenzten Tal der Roda, einem Nebenfluss der Saale. Die weitere Stadtausdehnung erfolgte vom Marktplatz in die Seitentäler hinein und entlang der Hänge. Ältestes erhaltenes Bauwerk Stadtrodas ist die im 12. Jahrhundert gotisch erbaute Heiligenkreuzkirche, die später im barocken Stil umgebaut wurde. Am Töpferberg trifft man noch heute auf das **„Rote Tor“**, das einzig erhaltene der ehemaligen mittelalterlichen Stadtbefestigungstore. Das Stadtrodaer **Rathaus** wurde bereits 1479 erbaut. Erwähnenswert sind ebenfalls das barocke Schloss aus dem 17. Jahrhundert und die achteckige **Salvatorkirche** aus dem späten 16. Jahrhundert.

Wir passieren die zu einem Hotel umgebaute Hammermühle. An der nächsten großen Straße fahren wir links und gleich wieder rechts und schon sind wir am Eingang zum **Zeitzgrund**.
Tief eingeschnitten in den roten Buntsandstein, erstreckt sich das enge Tal 10 km entlang des Zeitzbaches bis Hermsdorf. Viele Baumarten, wie Kiefern, Fichten, Douglasien, Weymouthskiefern, Rot- und Hainbuchen, Eschen und Erlen, seltene Rippenfarne und Moose prägen das Landschaftsschutzgebiet. Sechs Mühlen säumen den Weg. Die ehemaligen Mahl- und Schneidemühlen werden heute als Gaststätten, bzw. Reiterhof, wie die Janismühle, genutzt.
Sie sind die einzigen Gebäude im Zeitzgrund. Interessante Ziele sind das Schaumodell eines Pechofens, die Hubertusquelle und ein Naturlehrpfad. Neben der Papiermühle befindet sich auch eine gleichnamige Bahnstation der **Holzlandbahn**.
Ab hier ist der Weg auch wieder asphaltiert.

Stadtroda – die Klosterruine

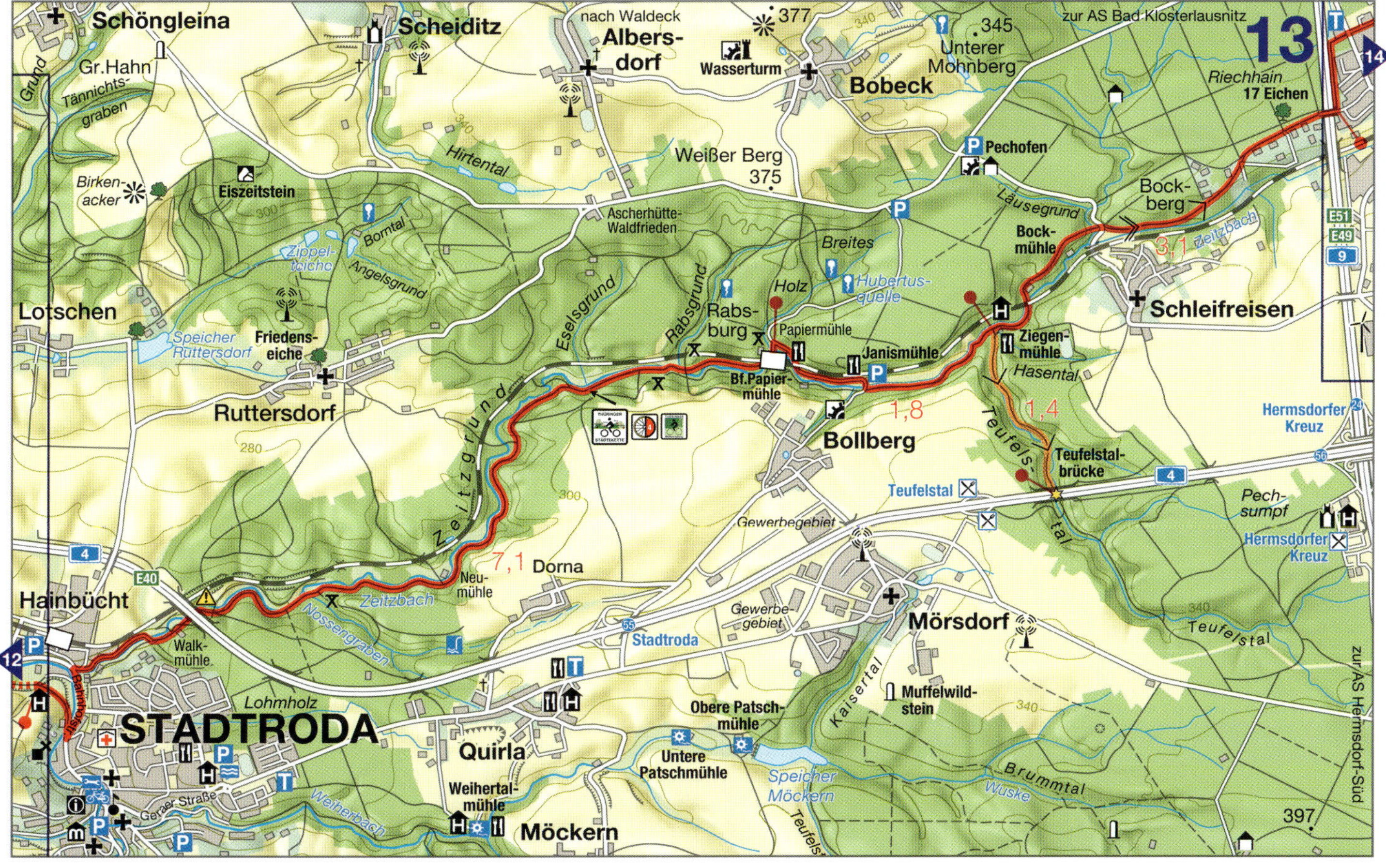

13
14
12
Schöngleina
Scheiditz
nach Waldeck
Albersdorf
377
Wasserturm
Bobeck
345
Unterer Mohnberg
zur AS Bad Klosterlausnitz
Riechhain
17 Eichen
Gr.Hahn
Tännichtsgraben
Grund
Birkenacker
Hirtental
Weißer Berg
375
Pechofen
Eiszeitstein
Ascherhütte-Waldfrieden
Läusegrund
Bockberg
Borntal
Zippelteiche
Angelsgrund
Breites
Holz
Hubertusquelle
Bockmühle
3,1
Zeitzbach
Schleifreisen
Lotschen
Speicher Ruttersdorf
Friedenseiche
Eselsgrund
Rabsgrund
Rabsburg
Papiermühle
Janismühle
Ziegenmühle
Hasental
Ruttersdorf
Bf.Papiermühle
Bollberg
1,8
1,4
Teufelstal
Teufelstalbrücke
Hermsdorfer Kreuz
Zeitzgrund
280
300
Gewerbegebiet
Pechsumpf
Dorna
7,1
Neumühle
Hainbücht
Zeitzbach
Nossengraben
Walkmühle
Stadtroda
Gewerbegebiet
Mörsdorf
340
Teufelstal
zur AS Hermsdorf-Süd
STADTRODA
Bahnhofstr.
Lohmholz
Quirla
Kaisertal
Muffelwildstein
Obere Patschmühle
Untere Patschmühle
Speicher Möckern
Wüske
Brummtal
397
Weihertalmühle
Geraer Straße
Weiherbach
Möckern
Teufelstal
E40
E51
E49
4
9
24
55
56

Von Jena nach Gera (59 km)

07629 Hermsdorf
ⓘ **Stadt Hermsdorf**
Tel: 036601 / 5770
www.hermsdorf-thueringen.de

07639 Bad Klosterlausnitz
ⓘ **Kur- und Gesundheitszentrum Bad Klosterlausnitz GmbH**
Tel.: 036601 / 80050
www.bad-klosterlausnitz.com

Angebot: Jugendherberge Eisenberg (Froschmühle)→ S. 94

Im Zeitzgrund

Abstecher:
An der Ziegenmühle zweigt ein Weg in das längste Seitental des Zeitzgrundes ab: dem 2 km entfernten **Teufelstal**.

Die **Teufelstalbrücke** zwischen dem Hermsdorfer Kreuz und Stadtroda wurde 1939 fertig gestellt und galt lange Zeit als die größte Bogenbrücke Europas. Sie spannte sich in einer Länge von 253 m und einer Höhe von 56 m über das wildromantische Teufelstal. 1997–2002 entstanden zwei neue Brücken im Rahmen des 6-spurigen Ausbaus der Autobahn. Die alte Brücke wurde, obwohl sie unter Denkmalschutz stand, wegen zu großer Schäden abgerissen.

Hinter der Bockmühle halten wir uns links, Richtung **Hermsdorf**.

Hermsdorf ist der zweitgrößte Ort des Saale-Holzland-Kreises und durch das gleichnamige Autobahnkreuz bekannt. Das Stadtrecht erhielt Hermsdorf 1969. Hier wurden seit 1890 bis in die Gegenwart hinein wichtige Erfindungen auf dem Gebiet der technischen Keramik gemacht.

Nach einem kleinen Anstieg auf den Bockberg radeln wir durch eine Gartensiedlung. Siebzehn Eichen flankieren unseren Weg. Wir überqueren die Autobahn und biegen gleich danach nach links ab.

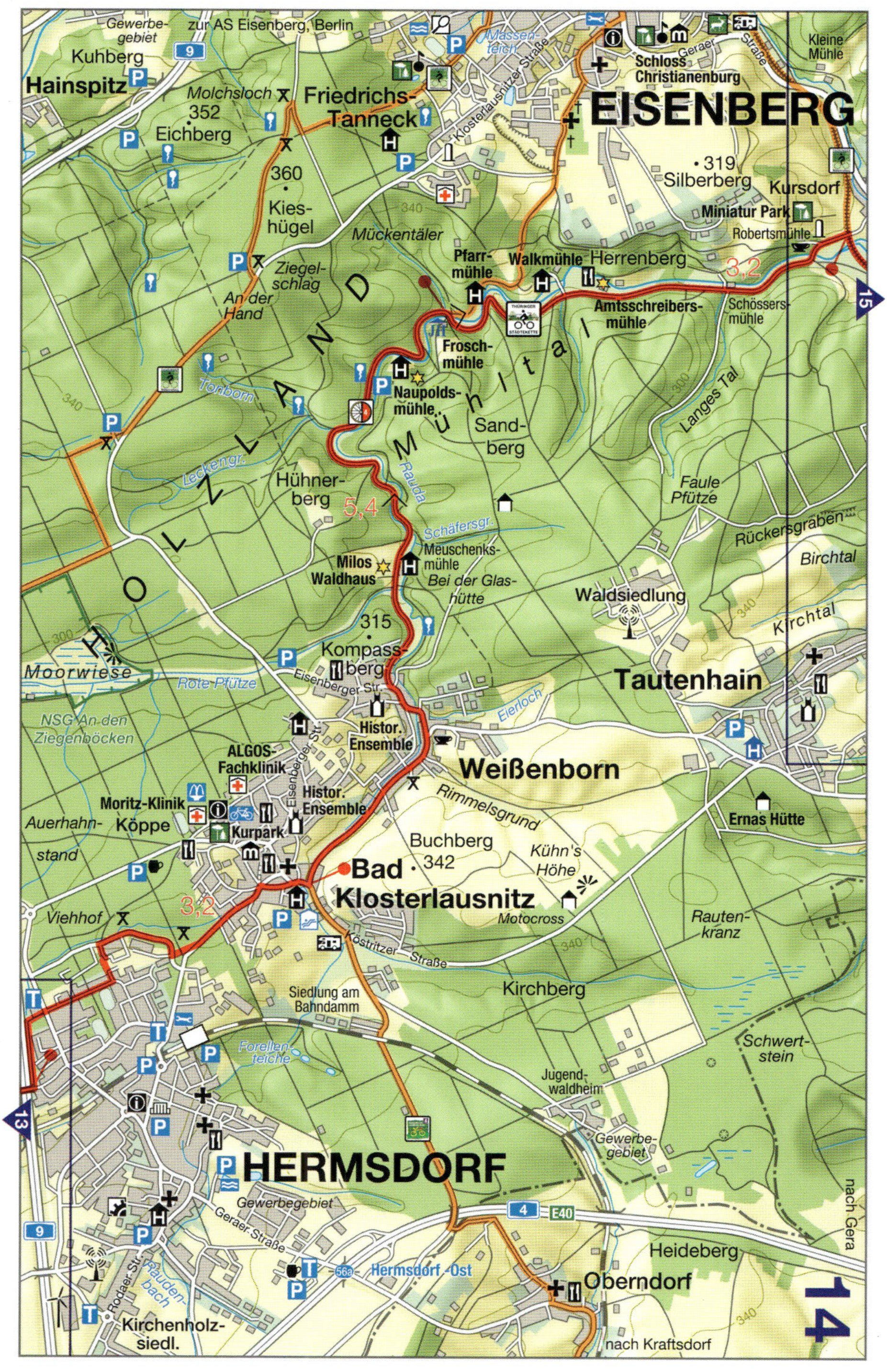

Gewerbegebiet
zur AS Eisenberg, Berlin
Kuhberg
Hainspitz
Molchsloch
352
Eichberg
Friedrichs-Tanneck
Massenteich
Klosterlausnitzer Straße
Schloss Christianenburg
Geraer Straße
Kleine Mühle
EISENBERG
319
Silberberg
Kursdorf
Miniatur Park
Robertsmühle
360
Kieshügel
Mückentäler
Ziegelschlag
An der Hand
Pfarrmühle
Walkmühle
Herrenberg
Amtsschreibersmühle
Schössersmühle
3,2
15
Froschmühle
Naupoldsmühle
Tonborn
HOLZLAND
Mühltal
Sandberg
Langes Tal
Leckengr.
Rauda
Hühnerberg
5,4
Faule Pfütze
Rückersgraben
Birchtal
Schäfersgr.
Milos Waldhaus
Meuschenksmühle
Bei der Glashütte
Waldsiedlung
Kirchtal
315
Kompassberg
Moorwiese
Rote Pfütze
Eisenberger Str.
Tautenhain
NSG An den Ziegenböcken
Histor. Ensemble
Eierloch
ALGOS-Fachklinik
Weißenborn
Moritz-Klinik
Köppe
Histor. Ensemble
Kurpark
Rimmelsgrund
Ernas Hütte
Auerhahnstand
Buchberg
342
Kühn's Höhe
Bad Klosterlausnitz
Motocross
Viehhof
Rautenkranz
Köstritzer Straße
Kirchberg
Siedlung am Bahndamm
Forellenteiche
Schwertstein
Jugendwaldheim
13
Gewerbegebiet
HERMSDORF
Gewerbegebiet
Geraer Straße
4
E40
nach Gera
9
Heideberg
Hermsdorf-Ost
56a
Rodaer Str.
Raudenbach
Oberndorf
Kirchenholzsiedl.
nach Kraftsdorf
340
300
14

Von Jena nach Gera (59 km)

07639
Bad Klosterlausnitz
Heimatstube
Tel.: 036601 / 92489

Wir orientieren uns an den Wegweisern, die uns durch ein Neubaugebiet und ein Waldstück führen. Entlang der Verbindungsstraße Hermsdorf–Bad Klosterlausnitz geht es im Freilauf hinab in den Kurort. Der Städtekettenweg verläuft nun entlang der Hauptstraße.

Bad Klosterlausnitz – im 19. Jahrhundert restaurierte Pfeilerbasilika

Tipp: Hier können wir einen Abstecher nach links oben zur romanischen Kirche und dem dahinter liegenden Marktplatz machen. Wer ein wenig Kuratmosphäre spüren möchte, kann zum Kurpark fahren. Im Kurmittelhaus kann man seine Trinkflasche aus dem Heilwasserbrunnen des Kurortes auffüllen.

Bad Klosterlausnitz entwickelte sich seit 1880 zum staatlich anerkannten Heilbad. Die Grundlage dafür bildeten die ausgedehnten Moorflächen in den umgebenden Wäldern. Im Heimatmuseum „Altes Sudhaus", direkt am Radfernweg, findet man interessante Informationen über die Entwicklung des Kurortes. Ein Besuch im Sauna-Wellnesspark mit Soletherme ist wärmstens zu empfehlen. Hier in Thüringens einziger textilfreier Sauna- und Thermenlandschaft, kann man in einer Welt aus Licht, Wärme und Wasser wunderbar entspannen. Das Antlitz der Stadt ist maßgeblich durch seine romanische Kirche geprägt – einer zweitürmigen Pfeilerbasilika mit hohem Mittelschiff und niederen Seitenschiffen. Sie wurde als Kirche des Augustiner-Chorfrauenstifts bereits im 12. Jahrhundert gegründet.

Gegenüber des kleinen **Klosterteiches** setzt er sich, an einem Heimwerkermarkt vorbei, fort. Auf der Landstraße geht 1 km nach **Weißenborn**. Dort bleiben wir auf der Hauptstraße, bis ein Abzweig ins Mühltal kommt. Nun führt uns der Weg durch einen herrlichen Mischwald. Neun Mühlen profitierten von dem kleinen Fluss Rauda. Wie auch schon im Zeitzgrund, laden sie zur Rast oder gar Übernachtung ein. Nach dem Milos Waldhaus und der Meuschkensmühle steigt der Weg kurz an.

Der stärkste Mann der Welt,

Milo Barus ließ sich 1953 in Stadtroda nieder. Der 1906 im tschechischen Alt-Rothwasser geborene Artist holte 1930 im Pariser Cirque Medrano den 1. Weltmeistertitel im Lastenheben. Diese neue Disziplin bestand u. a. darin 4 Zentner schwere Säcke zu heben, Spielkarten von drei Spielen in einem Ruck zu durchreißen, zwei Autos mittels Seil am Abfahren in verschiedene Richtungen zu hindern oder Pferde zu stemmen. Letzteres schaffte nur Milo Barus. Er erlangte Weltmeistertitel in London, Kalkutta, Kairo, Buenos Aires und New York. In Sao Paulo gewann er eine Wette gegen den Gouverneur: Er sollte zwei Armeeflugzeuge am Starten hindern indem er zwischen ihnen stand und sie an Stahlseilen festhielt. Er gewann, doch die Flugzeuge gingen zu Bruch. Während des Krieges wurde es still um ihn. Nach 1945 eröffnete er ein kleines Reisevarieté, mit dem er seine „Olympia-Sportschau" zeigte. 1952 kam er nach Thüringen. Nun wollte er sesshaft werden. Seine Frau Martha übernahm eine Gaststätte in Stadtroda. Noch immer gab er Vorstellungen, zur Freude der Stadtrodaer Bevölkerung. 1958 entdeckte er das schöne Mühltal und übernahm die Meuschkensmühle. Doch auch der Bau des Waldhauses 2 Jahre später konnte ihn auf Dauer nicht sesshaft machen. Er zog nach Bayern und starb dort im Alter von 77 Jahren in Mühldorf in Oberbayern. Jährlich am 3. Oktober findet zwischen Meuschkenmühle und Milos Waldhaus der sogenannte Milo Barus Cup statt.

Abstecher:

An der Pfarrmühle führt ein Radweg nach links bergauf Richtung **Eisenberg** auf den Städteketteweg. Wer ihm folgt, fährt in einem etwa 10 km weiten Bogen durch Eisenberg und weiter bis zum Ausgang des Mühltals. In Kursdorf trifft er wieder automatisch auf den Städteketteweg.

07607 Eisenberg
ⓘ **Eisenberg-Information**
Tel.: 036691 / 73454
www.stadt-eisenberg.de

Stadtmuseum „Klötznersches Haus"
Tel.: 036691 / 73436

Eisenberg– im Schloss

Von Jena nach Gera (59 km)

07586 Bad Köstritz
ⓘ **Haus des Gastes Bad Köstritz**
Tel.: 036605 / 86059

Dahlienzentrum
Tel.: 036605 / 99910

Bad Köstritz – die Dahlienstadt

Eisenberg wurde 1116 erstmals urkundlich erwähnt. Hauptsehenswürdigkeit ist die im 17. Jahrhundert erbaute barocke Schlosskirche mit ihrer phantastischen Stuckdekoration im Kapellenraum. Das Schloss Christiansburg, in dem heute das Landratsamt des Saale-Holzland-Kreises seine Büros hat, und der Schlosspark gehören zum historischen Ensemble. Im Vorfeld zur Eisenberger 800-Jahrfeier im Jahre 1996 wurde der historische Stadtkern umfassend restauriert. Besonderes Augenmerk verdient der Eisenberger Markt mit seinen markanten Bürgerhäusern aus dem 16. bis 18. Jahrhundert. Hier befinden sich das Rathaus mit seinem Achteckturm, das Superintendenturgebäude, das Klötznersche Haus (heute Stadtmuseum) und nicht zuletzt das gemütliche Museumscafé. Das Stadtbildensemble wird durch die spätgotische Stadtkirche St. Peter und den Mohrenbrunnen ergänzt. Der 1727 erbaute Brunnen ist heute das Wahrzeichen Eisenbergs. Hinter der Schlosskirche ist der Schlossgarten sehenswert.

Wir passieren die Walk-, Amtsschreibers-, Schössers- und Robertsmühle. Das Tal weitet sich und 200 m nach der letzten Mühle biegen wir nach rechts in einen schmalen, aber sehr gut angelegten Radweg ein. Auf diesem ehemaligen Bahndamm fahren wir durch den Wald bis zum etwa 5 km entfernten **Hartmannsdorf**. Wir streifen den Ort nur kurz, denn schon am Kreisverkehr werden wir rechts ortsauswärts gen **Caaschwitz** geführt.

Von diesem idyllischem an der Weißen Elster gelegenem Ort sind es noch etwa 3 km bis nach **Bad Köstritz**. Gleich am Ortsanfang, noch vor dem Freibad, biegen wir in einen kleinen unbefestigten Pfad nach links. Und schon fahren wir an den turmhoch gestapelten Bierkästen der Köstritzer Brauerei in die Stadt ein. Wir folgen den Wegweisern: erst nach links, dann überqueren wir die Bahnhofstraße und gelangen so in den schön angelegten Köstritzer Park.

Bad Köstritz wird urkundlich erstmals 1364 als „kostrizc" erwähnt. Zahlreiche denkmalgeschützte Bauwerke, Park- und Grünanlagen, romantische Winkel und traditionsreiches Handwerk prägen das Bild der Kleinstadt. Im Stadtkern finden wir das Denkmal für den Köstritzer Pfarrer und Poeten **Julius Sturm**, der als „frommer Dichter weltlicher Lyrik" in die Literaturgeschichte einging.

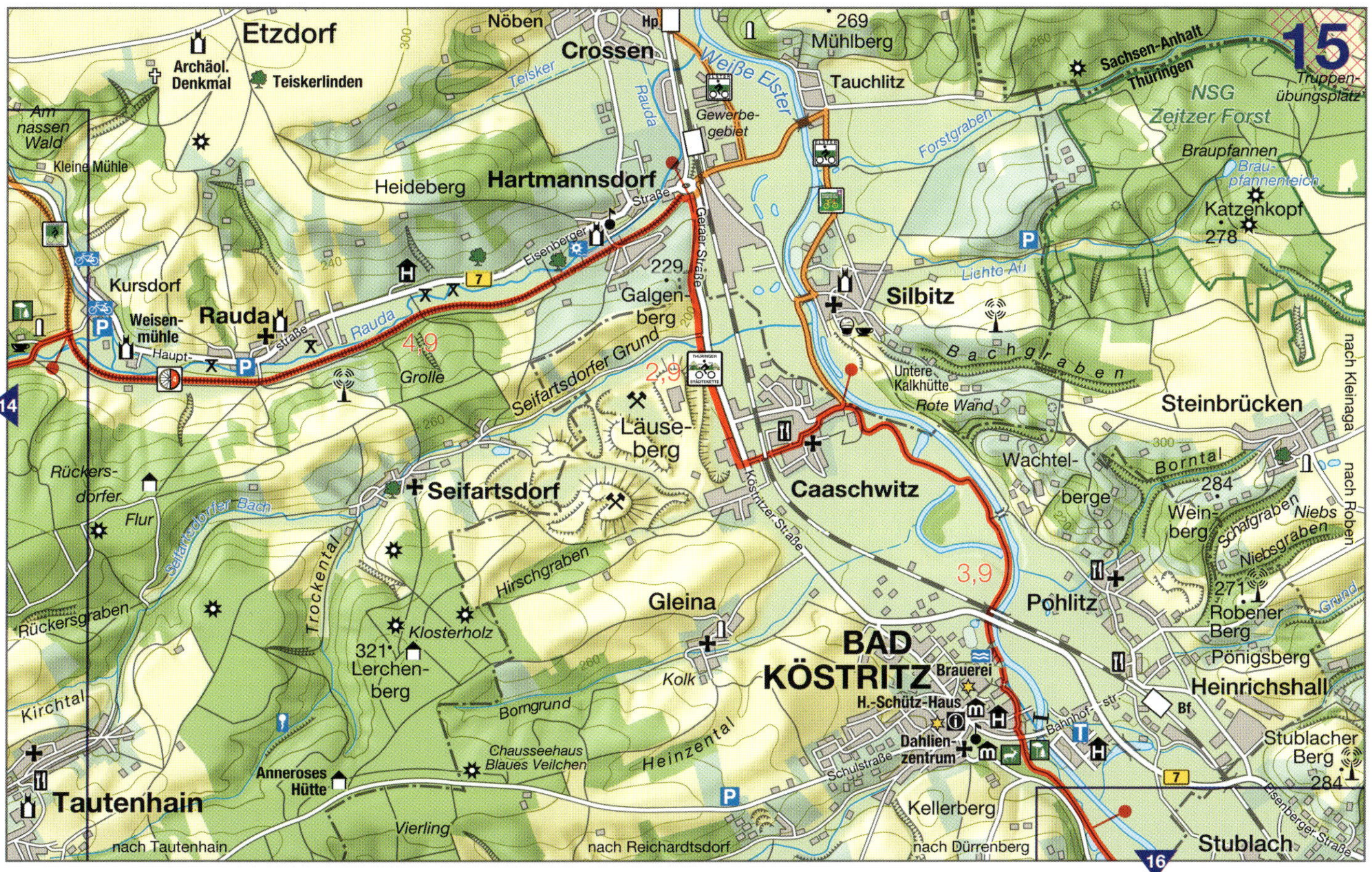
15
Etzdorf
Nöben
Crossen
Hp
269
Mühlberg
Tauchlitz
Weiße Elster
Sachsen-Anhalt
Thüringen
Truppen-
übungsplatz
NSG
Zeitzer Forst
Archäol.
Denkmal
Teiskerlinden
Teisker
Rauda
Gewerbe-
gebiet
Forstgraben
Braupfannen
Brau-
pfannenteich
Am
nassen
Wald
Kleine Mühle
Heideberg
Hartmannsdorf
Straße
Katzenkopf
278
Eisenberger
Geraer Straße
Kursdorf
7
229
Galgen-
berg
Lichte Au
Silbitz
Rauda
Weisen-
mühle
Haupt-
straße
Rauda
4,9
Grolle
Seifartsdorfer Grund
2,9
Bachgraben
Untere
Kalkhütte
Rote Wand
Steinbrücken
nach Kleinaga
14
Läuse-
berg
260
Rückers-
dorfer
Flur
Seifartsdorf
Seifartsdorfer Bach
Caaschwitz
Köstritzer Straße
Wachtel-
berge
Borntal
300
284
Wein-
berg
Schafgraben
Niebs
Niebsgraben
nach Roben
Trockental
Hirschgraben
3,9
Pohlitz
271
Robener
Berg
Grund
Rückersgraben
Klosterholz
Gleina
321
Lerchen-
berg
BAD
KÖSTRITZ
Brauerei
Pönigsberg
Heinrichshall
Kirchtal
Kolk
Borngrund
H.-Schütz-Haus
Bahnhof-str.
Bf
Dahlien-
zentrum
Stublacher
Berg
Tautenhain
Anneroses
Hütte
Chausseehaus
Blaues Veilchen
Heinzental
Schulstraße
7
284
Eisenberger Straße
Kellerberg
Vierling
nach Tautenhain
nach Reichardtsdorf
nach Dürrenberg
Stublach
16

Von Jena nach Gera (59 km)

Im Park von Bad Köstritz

Das Julius Sturm Gedenkzimmer im Palais widmet sich seinem Lebenswerk. Im ehemaligen Gasthaus „Goldner Kranich“ erblickte Heinrich Schütz das Licht der Welt. Er gilt als der bedeutendste deutsche Komponist vor Johann S. Bach. Sein Leben und Werk wird im **„Heinrich-Schütz-Haus“** musikwissenschaftlich und museal aufgearbeitet.

Im denkmalgeschützten **„Haus des Gastes“** befindet sich die Kleine Galerie GUCKE, eine Bibliothek, die Bad Köstritz-Information und das **Dahlien Zentrum**. Es besteht aus dem Deutschen Dahlienarchiv und einer ständigen Ausstellung wo alles zum Thema „rund um die Dahlie“ zusammengetragen, katalogisiert und präsentiert wird. Zur Blütezeit der Dahlie werden in einem Lehr- und Schaugarten seltene Naturarten und historische Sorten gezeigt.

Seit über 500 Jahren wird in Köstritz Bier gebraut. Seit 1543 ist das gewerbliche Brauen beurkundet. Heute ist das **Köstritzer Schwarzbier** Marktführer in Deutschland bei den untergärigen „Schwarzen“ und in der ganzen Welt bekannt und begehrt. Eine Führung durch die Brauerei mit anschließender Verkostung ist sicherlich ein Genuss für Leib und Seele.

Die letzten 7 km bis Gera fahren wir nun auf einem Dammweg immer parallel zur Weißen Elster. Zweimal überqueren wir den Fluss. In **Gera** geht es, vorbei an einer Fußgängerbrücke und einer Autobrücke, bis zur Untermhäuser Brücke, einer Eisenbrücke, auf der ein Brückencafé zur wohlver-

Parallel zur Weißen Elster geht's nach Gera

dienten Pause ruft. In dieser idyllischen Ecke, dem Stadtviertel Untermhaus befindet sich auch, gleich hinter der Marienkirche, das Geburtshaus des Malers **Otto Dix**. Oben auf dem Berg liegt das ehemalige Schloss Osterstein. Auf der anderen Seite der Weißen Elster beginnt nun der Hofwiesenpark, ein attraktiver Stadtpark mit weiten Grünflächen.

Die St.-Marien-Kirche in Gera Untermhaus

07548 Gera
Otto-Dix-Haus
Tel.: 0365 / 8324927

07545 Gera
ⓘ **Gera Information**
Tel.: 0365 / 8381111
www.tourismus-gera.de

Haus Schulenburg
Tel.: 0365 / 826410

Theater Gera – die Göttin der Wahrheit auf einer Sphinx

4. Etappe:

Abstecher

Um in das Zentrum Geras zu gelangen überqueren wir die Brücke. Es geht geradeaus, entlang der Küchengartenallee, an der Kunstsammlung (Orangerie) vorbei, bis wir auf das dahinterliegende Theater stoßen. Unser Weg führt durch die Bahnunterführung auf das Zentrum zu. Nach der Unterführung befindet sich auf der linken Seite der Bahnhof. Wir fahren geradeaus, erst auf dem Radweg der Ernst-Toller-Straße, dann vorbei an dem hohen Sparkassengebäude, bis wir in die Fußgängerzone gelangen. Nach der Überquerung, der durch ein Haus verlaufenden Straßenbahnschienen biegen wir links ab und gelangen zum Marktplatz. In dessen Nähe liegen die Geraer Höhler, das Museum für Naturkunde, die St.-Salvator-Kirche sowie Reste der Stadtmauer. Um zurück zum Radweg zu gelangen, verlassen wir den Marktplatz. Diesmal überqueren wir nicht die Straßenbahnschienen, sondern radeln geradeaus hinab zur Heinrichstraße. Weiter geradeaus über einen Kreisverkehr und an der Bahnstation Gera-Süd vorbei. Direkt nach dem Tunnel treffen wir wieder auf den TSK-Radweg.

Die über 1000-jährige Stadt **Gera** liegt am Ufer der Weißen Elster. Die ehemalige Reußische Residenzstadt hat für Kunst- und Kulturinteressierte einiges zu bieten. Das **Renaissance-Rathaus** aus dem 16. Jahrhundert gilt als das Wahrzeichen der Stadt. Am reich verzierten Portal findet sich die Geraer Elle (Längenmaß für Tuche), die noch heute von der früheren Bedeutung Geras für die Tuchherstellung kündet. Fast zeitgleich entstand die **Stadtapotheke** mit ihrem prächtigen Renaissance-Erker. Der barocke **Simsonbrunnen** in der Mitte des Marktplatzes stellt den biblischen Löwenbezwinger Simson dar. Schon im 17. Jahrhundert sorgten unter fast allen Häusern der Altstadt unterirdische Lagerräume für kühles Bier. Die **Geraer Höhler** sind heute teilweise erschlossen und können besichtigt werden. Informationen dazu gibt es im **Stadtmuseum**. Zur Höhler Biennale, alle 2 Jahre, verwandelt sich die Unterwelt zum einzigartigen Ausstellungsraum für Kunst- und Lichtinstallationen. Im ältesten Bürgerhaus der Stadt, im sogenannten Schreiberschen Haus, ist das **Naturkundemuseum** untergebracht. Weiter erwähnenswert sind das **Jugendstiltheater** (1902) und der ehemals fürst-

07545 Gera
ⓘ Gera Information
Tel.: 0365 / 8381111
www.tourismus.gera.de

Museum für Angewandte Kunst
Tel.: 0365 / 8381430

Museum für Naturkunde
Tel.: 0365 / 52003

Stadtmuseum Gera & Historische Geraer Höhler
Tel.: 0365 / 8381470

07548 Gera
Kunstsammlung Gera/ Orangerie
Tel.: 0365 / 8384250
www.museen-gera.de

Otto-Dix-Haus
Tel.: 0365 / 8324927

Henry van de Velde-Museum, Haus Schulenburg
Tel.: 0365 / 826410
www.haus-schulenburg-gera.de

liche **Küchengarten** mit der **Orangerie**. Jenseits der Weißen Elster liegen das **Otto-Dix-Museum**, die **spätgotische Marienkirche**, das **Schloss Osterstein** und das vom belgischen Architekten Henry van de Velde entworfene Haus Schulenburg.

Der Artenschutzturm im Gessental

Der TSK-Radweg setzt sich am Ufer der Weißen Elster fort. Nun einfach den Wegweisern folgen. Die nächste Brücke überqueren wir und halten uns, bis wir auf die B2 (Straße des Friedens) stoßen, weiterhin am Fluss. Hier verlässt der TSK-Radweg den Elster-Radweg, der nun weiterhin am Fluss verläuft. Wir überqueren links die B 92, Am Sommerbad, bis wir vor den Bahnschienen wieder rechts abbiegen. Nun verläuft der Radweg durch den Ufer-Elster-Park, der sich auf dem Gelände eines ehemaligen Güterbahnhofs erstreckt. Einige Relikte prägen die Gestaltung in diesem schönen Schienengarten. Futuristisch gestaltete Spielplätze und künstlerische Installationen erinnern daran, dass wir uns auf dem grünen Band der Buga'07 zwischen Gera und Ronneburg befinden. Vor uns taucht eine große Autobrücke auf. Kurz davor führt uns eine Bahnunterführung auf die andere Seite der Gleise. Wir umrunden den Artenschutzturm. Dieser wurde als einzig erhaltener Teil des Pfortener Guts in einen Brutschutzturm für verschiedene Vogelarten umgebaut. Hier beginnt das wunderschöne **Gessental**. Anschauungstafeln erklären Flora, Fauna und geologische Besonderheiten. An einem Stellwerkhäuschen vorbei, schlängelt sich unser Weg zwischen dem Gessenbach zur Linken und den Bahngleisen zur Rechten bis nach Collis.

Collis ist ein hübscher Ort mit Hofladen und Einkehrmöglichkeit. Wir folgen der Beschilderung die uns in einen Zeittunnel führt, einem Kunstprojekt in der Bahnunterführung. Weiter geht's durch das Gessental bis Höhe „Eichenarboretum". Hier teilt sich der TSK-Radweg in den weiterführenden Talweg geradeaus nach Ronneburg, und in den rechts abbiegenden Panoramaweg der Neuen Landschaft Ronneburg. Nach einem kurzen Anstieg ist die oberste Berme der Lichtenberger Kanten erreicht, und nun verläuft der Panoramaweg horizontal durch das umgestaltete ehemalige Tagebaugelände.

Wir radeln bis zur Veranstaltungswiese in der Neuen Landschaft, vorbei am Entdeckerturm und über

15
Kienberg
nach Zeitz
Rehgrund
Agnesruh
Pfaffenstern
Pionierkaserne Hain
Langenberg
Hain
nach Röpsen
Pfaffengraben
Gr. Parkteich
Stublach
Oelsdorfmühle
Schoßb.
Weiße Elster
Kostitzer Weg
Bf. Gera-Langenberg
Zeitzer Straße
Langenberger Straße
Lerchenberg
Weinberg
Cosse Forst
3,7
Mühlwiesen
Gera-Langenberg
220
Roschütz
Brahme
Gewerbegebiet
Cosse
zum Hermsdorfer Kreuz/A9
Thieschitz
Cossenberg
Milbitz
Franzosenbrücke
Siemens-straße
Thüringer Straße
Galgenberg
Tinz
Rosenberg
Bieblach
Galgenberg
Rubitz
Erlbach
nach Töppeln
Märzenberg
2,6
Siedl. Schafwiesen
Mühlgraben
GERA
Straße des Bergmanns
Dornaer Straße
Wüstung Pottendorf
Geraer Stadtwald
Brandeiche
Schiefergasse
Untermhaus
Hammelburg
Weinberg
Otto-Dix-Haus
Orangerie
Gera Hbf.
Luisenhöhe
Raabeeiche
Jugendwaldheim
Kalte Eiche
Schloss Osterstein
Hofwiesenpark
Naturkundemuseum
Höhler
Kultur- u. Kongresszentrum
Frankenthal
Stieleiche
Geraer Stadtwald
Hainberg
Schillereiche
Rathaus
Lutherlinde
Ernsee
Gladitschturm
1,6
Saarbach
Scheubengrobsdorf
Pöppelner Wand
Bismarck-Denkmal
Bf. Gera-Süd
Reichsstraße
Innenstadtplan
Klinikum
Haus Schulenburg
Straße des Friedens
nach Geißen
Parkeisenbahn
Martinsgr.
Radrennbahn
Bauernloch
Bauerngrund
Schöner Forst
Windischenbernsdorf
Eselsberg
Pforten
Artenschutzturm
Stadtring
4,9
Spörlstein
Debschwitz
Vogtlandstraße
Wasserkraftwerk
17
Waldhaus
Kuhtanz
Fuchsberg
Fuchsturm
Lasurberg
281
Eichberg
328
Türkengraben
Rehteich
nach Langengrobsdorf
Bf. Gera-Zwötzen
Bf. Gera-Ost
Dürrenebersdorf
Hofer Straße
Schullandheim
Elstertal
16
nach Triptis
Zeulsdorf
Lusan
nach Weida
Zwötzen

07580 Ronneburg
Schaubergwerk Bogenbinderhalle
Tel.: 036602 / 937926

Touristinformation
Tel.: 036602 / 536100
www.ronneburg.de

Stadt- und Schulmuseum
Tel.: 036602 / 44566

die Drachenschwanzbrücke. Danach biegen wir rechts ab und fahren weiter bis zur Eingangsbrücke in den BUGA-Park. Nach der Eingangsbrücke halten wir uns rechts weiter Richtung Ronneburg und Baderteich. Wer möchte, kann von hier nach einer kurzen steilen Auffahrt, das Schloss und den Marktplatz Ronneburgs besichtigen.

Die Stadt **Ronneburg** war in früheren Jahren auch als Bad Ronneburg bekannt. Die erste urkundliche Erwähnung stammt aus dem Jahre 1209. Bis 1244 gehörte sie den Vögten von Weida, danach den Vögten von Plauen. Im Jahre 1304 erhielt der Ort das Stadtrecht zuerkannt. Wahrzeichen der Stadt ist die „**Marienkirche**". 1666 entdeckte man die erste Quelle, die aber bald in Vergessenheit geriet. Erst 100 Jahre später wurden die Urquelle, die Eulenhofer Quelle, die Rasen-, Schwefel- und Zellenquelle erschlossen. Die Entdeckung der Heilquellen zur Behandlung von Gicht, Rheuma, Verkalkung und Blutarmut verhalfen der Stadt zur Blüte. Doch mit Beginn des Uranerzbergbaus „SDAG Wismut" 1950 in Ronneburg und Umgebung versiegten die Quellen. Fünf Dörfer, darunter Schmirchau, Lichtenberg und Gessen wurden abgetragen und ein Loch von zwei mal einem Kilometer und einer Tiefe von 240 Metern entstand. Erst 1991 wurde die Förderung eingestellt. Die neue Landschaft Ronneburg ist ein Teil des Gesamtkonzeptes der Revitalisierung der vom Bergbau stark in Mitleidenschaft gezogenen Landschaft. Ronneburg verlor im Zuge der Sanierung seine bekannten Wahrzeichen, die Spitzkegelhalden. Dafür ist diese Stadt künftig ein Wahrzeichen für ökologisch sinnvolle Sanierung solch komplizierter Altlasten.

Aus Wismuthalden wurden ein Park mit Entdeckerturm und Drachenschwanzbrücke.

17
GERA
RONNEBURG
Leumnitz
Flugplatz Gera-Leumnitz
zur AS Gera-Leumnitz
Gewerbegebiet
nach Großenstein
Hempelsruhe
Schillereiche
Lutherlinde
Ferberturm
Jugenddorf
Sternschänke
Naulitz
Gericht
Galgenmühle
Lehmgrube
Heidelberg
Raitzhain
Raitzhainer Teich
Galgenberg
Zschippern
Geiersberg
Naulitzer Schanze
Sächsische Mühle
Thränitz
Grobsdorf
Eichen-Aboretum
Burgmuseum
Altenburger Straße
Stadtpark
Pforten
Stadtring
Schafwiesenberg
Lammsbach
Ziegenberg
NEUE LANDSCHAFT® Ronneburg
Schaubergwerk
Bogenbinderhalle
Breitental
Johannisberg
Collis
Tepsche
Bf. Ronneburg (Thür.)
HP Gessental
Drachenschwanzbrücke
Entdeckerturm
Gessental
Friedrichshaide
Modelle ehem. Fördertürme
ehem. Haldengebiet Paitzdorf
Lasurberg
281
297
Kaimberg
Stockberg
Bf. Gera-Ost
Siedl. Kuchenholz
ehem. Gessenhalde
Schmirchauer Höhe
Begehbare Landkarte
Pohlteich
Gr. Teich
Kuhcafé
Eichberg
Heltberg
373
Solarpark
Schacht 407
Herziger
Zwötzen
Kauern
ehem. Tagebau Lichtenberg
Paitzdorf
Büchsenberg
Taubenpreskeln
303
Porislengefeld
Solarpark
ehem. Absetzer Halde
Ronneburger Forst
Reuster Berg
Bismarckturm
Reust
Lietzsch
305
Brühl
Wipsenberg
Wipsebach
nach Lichtenberg
370
nach Rückersdorf
300
280
311
4,9
1,1
1,6
2
0,8
2,2
16
18
2
7
92
4
E40

Von Gera nach Altenburg (44 km)

07580 Ronneburg
Burg Posterstein
Tel.: 034496 / 22595
www.burg-posterstein.de

Burg Posterstein

In Ronneburg haben wir zwei Möglichkeiten weiterzufahren. Empfehlenswert ist die gut ausgeschilderte, nördliche Route über **Raitzhain**. Die Strecke ist durchgehend asphaltiert und ohne nennenswerte Steigungen. Allerdings fährt man hinter Raitzhain ein Stück auf der B7. Dann verlässt der TSK-Radweg diese belebte Straße nach rechts, passiert den Ort **Stolzenberg** und erreicht nach 5,5 km Posterstein.

Tipp:
Die südliche Strecke führt über die Dörfer Paitzdorf und Mennsdorf. Dafür radeln wir am Bahnhof vorbei bis zur Brunnenstraße. Hier rechts. Im nächsten Ort Friedrichshaide biegen wir nach links und fahren an einem ehemaligen Sportplatz vorbei auf der Hofladenroute auf **Paitzdorf** zu. Im Ort fahren wir nach links, an der Kirche vorbei Richtung Mennsdorf. In **Mennsdorf** sind die ersten Vierseitenhöfe zu sehen. 2 km weiter können wir den Anblick Postersteins und seiner gleichnamigen Burg genießen.

Die Burg **Posterstein** erhebt sich weithin sichtbar über der Sprotte, einem Nebenfluss der Pleiße. Sie ist eine mittelalterliche Höhenburg mit einem 25 m hohen Bergfried. Der Ort Posterstein wurde erstmals 1191 erwähnt und bis in das 16. Jahrhundert nur „Stein" genannt. Die Burg verlor dann ihre militärische Bedeutung und wurde zum Wohnschloss umgebaut. Seit 1952 befindet sich hier ein **Museum zur Natur- und Volkskunde** und zur Regionalgeschichte. Die sehenswerte **Burgkirche** Posterstein ist ein spätgotischer Bau mit reicher Ausstattung an barockem Schnitzwerk des Johannis Hopf von 1689.

Am Orteingang trifft die Alternativeroute wieder auf den TSK-Radweg. Wir passieren den Auenhof, ein schön gelegener Vierseitenhof aus dem 16. Jahr-

Der Sprottenstein

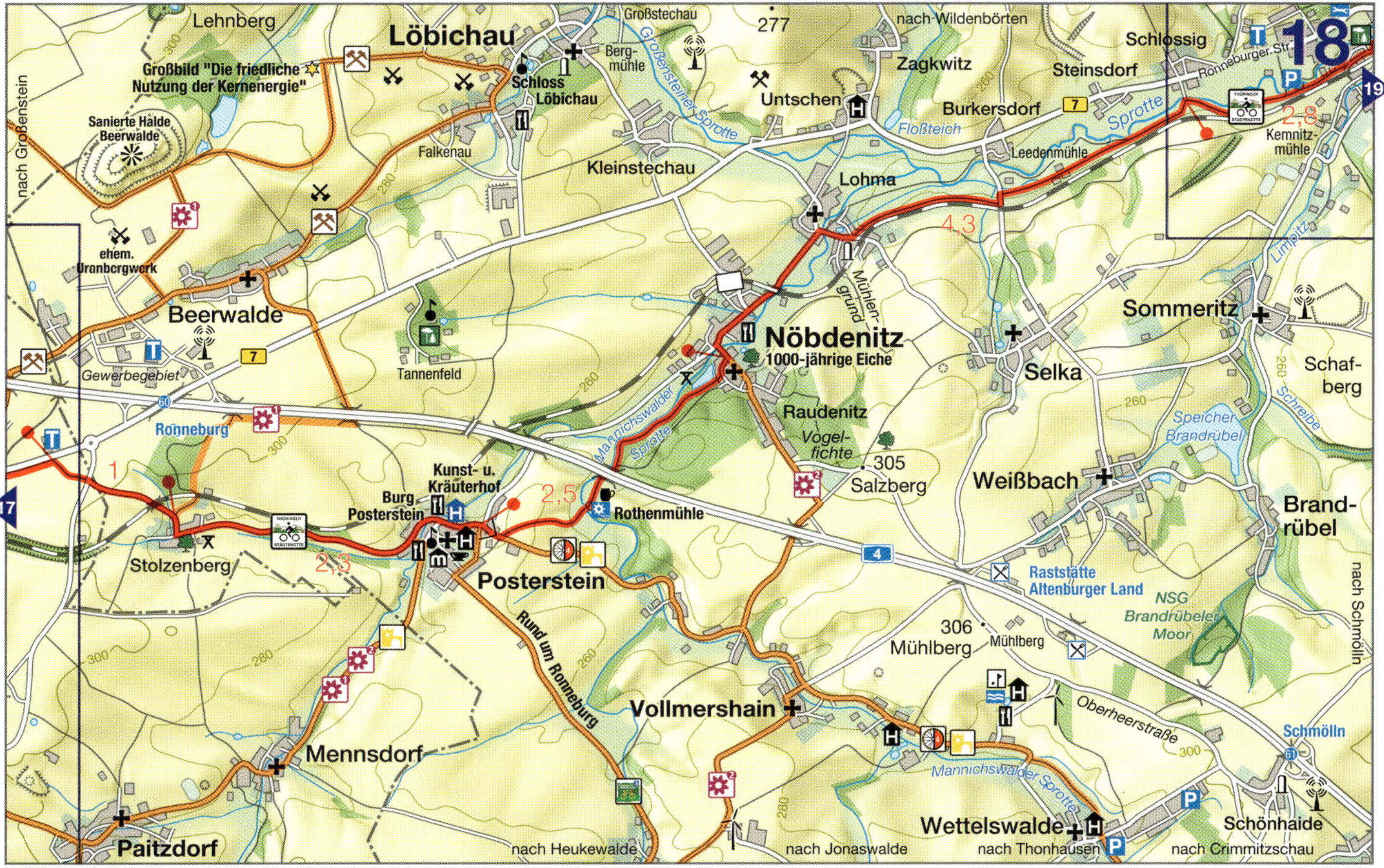

18
17
19
Löbichau
Lehnberg
Großbild "Die friedliche Nutzung der Kernenergie"
Schloss Löbichau
Sanierte Halde Beerwalde
Falkenau
Bergmühle
Großstechau
277
nach Wildenbörten
Zagkwitz
Schlossig
Steinsdorf
Ronneburger Str.
Untschen
Burkersdorf
Floßteich
Sprotte
Leedenmühle
Kemnitzmühle
Großensteiner Sprotte
Kleinstechau
Lohma
4,3
2,8
nach Großenstein
ehem. Uranbergwerk
Beerwalde
Gewerbegebiet
Tannenfeld
Mühlengrund
Nöbdenitz
1000-jährige Eiche
Sommeritz
Selka
Schafberg
Raudenitz
Vogelfichte
305
Salzberg
Speicher Brandrübel
Schreibe
Limpitz
Weißbach
Brandrübel
Ronneburg
1
Kunst- u. Kräuterhof
Burg Posterstein
2,5
Rothenmühle
Mannichswalder Sprotte
Stolzenberg
2,3
Posterstein
Raststätte Altenburger Land
NSG Brandrübeler Moor
nach Schmölln
Rund um Ronneburg
306
Mühlberg
Mühlberg
Oberheerstraße
Vollmershain
Mennsdorf
Schmölln
Mannichswalder Sprotte
Paitzdorf
Wettelswalde
Schönhaide
nach Heukewalde
nach Jonaswalde
nach Thonhausen
nach Crimmitzschau

Ernst-Agnes-Turm, Aussichtsturm von Schmölln, erbaut 1893

hundert, jetzt umgebaut als Kunst- und Kräuterhof. An der nächsten Kreuzung geht es geradeaus. Es folgt eine kurze, aber heftige Steigung auf eine Eiche zu.

Im Sprottetal

Oben angelangt, weisen Radschilder nach Schmölln und nach Meerane/Crimmitschau (Anbindung an den Fernradweg nach Sachsen). Wir folgen den TSK-Wegweisern, Richtung Schmölln! Also nach links, durch eine Allee hinein ins obere **Sprottetal**. Der etwa 10 km lange Wassererlebnispfad entlang der Sprotte lässt uns immer wieder halten. Sei es, um den Fluss auf Hängebrücken oder Trittsteinen zu queren; zu sehen, wie eine Fischtreppe funktioniert oder an der Wasserstandsorgel die Wasserstände zwischen Niedrig- und Hochwasser abzulesen.

In **Nöbdenitz** kann man die 1000-jährige Eiche bewundern. Entlang des Weges passieren wir die Orte Lohma, Burkersdorf und Schlossig. Die Ortseinfahrt nach **Schmölln** säumen Schrebergärten. Links geht es zum Freibad. Wir folgen der Beschilderung durch ein Wohngebiet und gelangen über eine kleine Holzbrücke auf die andere Seite der Sprotte. Dort befinden sich die Museumsschänke und das Knopfmuseum. Es geht weiter am Fluss entlang, bis wir ihn am Brückenplatz wieder überqueren. An dessen Ende befindet sich rechts der Schillerplatz. Schräg gegenüber liegt der Bahnhof.
Wenden wir uns hier nach rechts und queren die Bahn, gelangen wir in das Zentrum von Schmölln.

Schmölln ist heute noch als die „Knopfstadt" bekannt. Der Schmöllner Hermann Donath begründete im Jahre 1867 die Steinnussknopfindustrie und machte so die Stadt weit über die Region hinaus bekannt. Wer noch mehr über die Schmöllner

20
18
Altkirchen
Illsitz
Röthenitz
Stöbnitzer Berg
250
Gimmel
Platschütz
Klein-
tauschwitz
Blaue Flut
Trebula
nach Drogen
Nödenitzscher Grund
Bohra
Nödenitzsch
Stadtwald
Zschwitzke
Rückhaltebecken Großstöbnitz
Litschke
Großstöbnitz
Klein-
stöbnitz
Sprotte
3,9
3,2
2,8
Papiermühle
Saara
Friedrichslust
Zehma
Spittel-
holz
Zürchau
Maltis
Dorfkirche
mit Poppeorgel
Löhmigen
nach Goldschau
Klein-
mückern
Zschernitzsch
Klinge
Wartenberg-
siedlung
Röthelgrund
Weihberg
Ernst-Agnes-Turm
Bornshain
Neldamühle
Taupadel
SCHMÖLLN
Schlossig
Knopf- u.
Regional-
museum
Fest-
platz
Crimmitschauer Str.
Am Kellerberg
Weidengrund
Steingraben
Moorbach
Industriegebiet
Kemnitz-
mühle
Ostthüringen-
halle
Nitzschka
Bornshainer
Berg
Nörditz
GÖSSNITZ
Tännicht
nach Naundorf
Altenburger
Straße
Dammstr.
Kauritz
nach Crimmitzschau
nach Kummer
nach Kummer
nach Zwickau
7
93

04626 Schmölln
ⓘ **Stadtinformation Schmölln**
Tel.: 034491 / 760
www.schmoelln.de

Knopf- und Regionalmuseum
Tel.: 034491 / 76444

Knopfherstellung erfahren möchte, der sollte im Stadtpark das **Knopf- und Regionalmuseum** besuchen. Auch in der Bürsten-, insbesondere Zahnbürstenproduktion, machte sich Schmölln einen Namen. Bemerkenswerte kulturhistorische Bauwerke Schmöllns sind das gotische **Rathaus** am Marktplatz und die **Stadtkirche St. Nikolai**. Eine kulinarische Kostbarkeit ist der Schmöllner „Mutzbraten", ein mit vielen heimischen Kräutern gewürzter Schweinespießbraten, der über offenem Birkenholzfeuer gegart wird.

Schmölln – das Knopf- und Regionalmuseum

Die Altenburger Straße führt uns entlang der Bahngleise ortsauswärts und mündet in die Straße An der Sprotte. Auf ihr radeln wir nach **Zschernitzsch**.

Es geht weiter zwischen Bahn und Flussaue, auf den bemerkenswert schlanken Kirchturm von **Großstöbnitz** zu. Wir umrunden die Kirche und biegen vor der Bahnüberquerung und dem Bahnhof links ab. Es lohnt sich, einen Blick auf die Kirchturmuhr von **Saara** zu werfen. Statt Zahlen trägt das Zifferblatt die 12 Buchstaben der Losung „Nütze die Zeit". Wir folgen der Hauptstraße. Im benachbarten **Selleris** fahren wir nach rechts in Richtung Mockern ab. In **Mockern** führt der offizielle Radweg neben der Bundesstraße einher, nach rechts bergan. Man kann ihm leicht bis Altenburg folgen.

Tipp:
Landschaftlich sehr reizvoll ist auch der Weg auf dem Pleiße-Radweg durch die Flussaue der Pleiße. Statt in Mockern links abzubiegen, fahren wir geradeaus in die Zschechwitzer Straße. Wir passieren Kirche und Sportplatz und fahren geradeaus durch die geräumige Flussaue, vorbei an der 1531 erbauten steinernen Pleißenbrücke. In **Kotteritz**, einem Dorf mit großen, alten Gehöften, verlassen wir die Hauptstraße und fahren links in eine leicht ansteigende Pflasterstraße. Während der Pleiße-Radweg seinem Namensgeber treu bleibt, wenden wir uns nach links auf den Radweg Rundtour Altenburger Obstland. Ihm folgen wir unter der B7 und rollen über die Käthe-Kollwitz-Straße in Altenburgs Zentrum. Am Großen Teich treffen wir wieder auf den TSK.

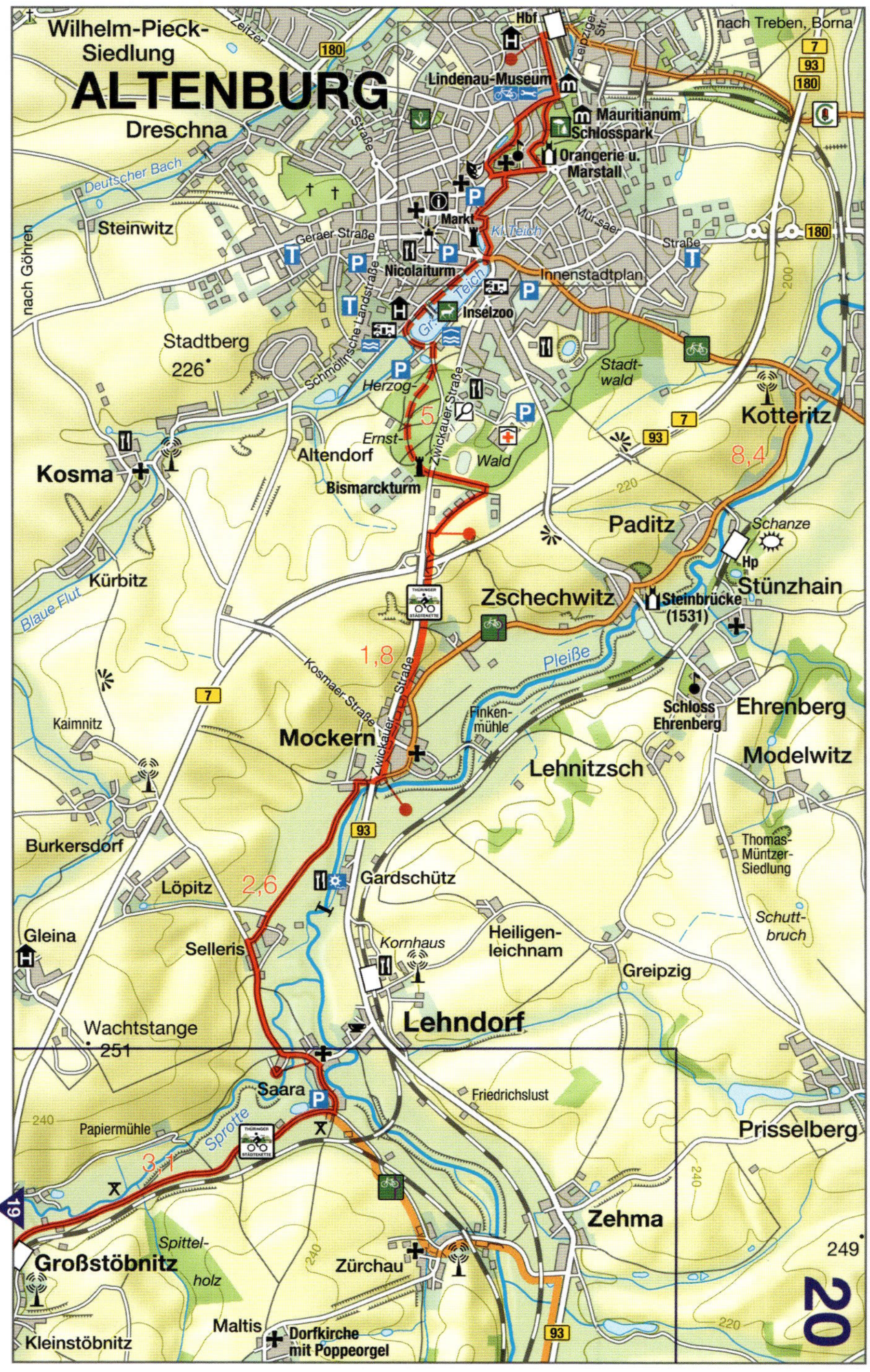
20
Wilhelm-Pieck-Siedlung
ALTENBURG
Dreschna
Deutscher Bach
Steinwitz
nach Göhren
Zeitzer
Hbf
Lindenau-Museum
Mauritianum
Schlosspark
Orangerie u. Marstall
Markt
Kl. Teich
Mursaer
Straße
Geraer Straße
Nicolaiturm
Innenstadtplan
Gr. Teich
Inselzoo
Schmöllnsche Landstraße
Stadtberg
226
Herzog-
Ernst-
Wald
Zwickauer Straße
Stadtwald
Altendorf
Bismarckturm
Kosma
Kürbitz
Blaue Flut
Kotteritz
8,4
Paditz
Schanze
Hp
Stünzhain
Zschechwitz
Steinbrücke (1531)
1,8
Pleiße
Kosmaer Straße
Schloss Ehrenberg
Ehrenberg
Modelwitz
Finkenmühle
Mockern
Lehnitzsch
Kaimnitz
Burkersdorf
Löpitz
2,6
Gardschütz
Thomas-Müntzer-Siedlung
Schuttbruch
Gleina
Selleris
Kornhaus
Heiligenleichnam
Greipzig
Wachtstange
251
Lehndorf
Saara
Friedrichslust
Papiermühle
Sprotte
3,1
Prisselberg
19
Zehma
Großstöbnitz
Spittelholz
Zürchau
249
Maltis
Dorfkirche mit Poppeorgel
Kleinstöbnitz
nach Treben, Borna
Leipziger Str.
7
93
180
200
220
240
5

Von Gera nach Altenburg (44 km)

Angebot: Jugendherberge Windischleuba *→ S. 94*

An einer großen Kreuzung liegt an der Stirnseite der restaurierungsbedürftige Marstall von **Altenburg**. Linkerhand finden wir den Eingang zum Schlossgarten.

Altenburg – der Marktplatz mit Rathaus

Die große Wiese vor der idyllischen Kulisse der Orangerie lädt zur Muße ein. An der rechten äußeren Ecke der Wiese finden wir den Ausgang Richtung Stadtzentrum. Am Fuße des Parks liegen das **Lindenaumuseum**, und das **Mauritianum**, das naturkundliche Museum.

Verlassen wir den Park, gelangen wir geradeaus auf der Wettinerstraße zum **Bahnhof**. Dieser prächtige, 1879 errichtete Bahnhof bildet einen würdigen Abschluss des Städteketteradweges.

Die ehemalige Residenzstadt **Altenburg** im Ostzipfel Thüringens spielte schon innerhalb der Reichsgeschichte als Zentrum des Pleißenlandes eine bedeutende Rolle. Häufig hielten sich hier im 12. und 13. Jahrhundert die staufischen Könige und Kaiser auf. Hier überließ Kaiser Barbarossa dem Pfalzgrafen von Wittelsbach das Herzogtum Bayern als Lehen. Man vermutet die Königspfalz im unteren westlichen Bereich des **Altenburger Schloss**es. Diese weiträumige Anlage aus neun Jahrhunderten thront auf einem Porphyrfelsen über der Altstadt. 1329 gelangte die Stadt in den Besitz der wettinischen Markgrafen von Meißen. 1455 fand im Schloss der Sächsische Prinzenraub statt. In der brüderlichen Auseinandersetzung von Kurfürst Friedrich von Sachsen und seinem Bruder Wilhelm unterstützte der Ritter Kunz von Kauffungen Kurfürst Friedrich. Als dieser sich weigerte, ihn für seine in diesem Krieg zerstörten Güter zu entschädigen, sann er auf Rache. Um seinen Forderungen Nachdruck zu verleihen, beschloss er, dessen Söhne, Ernst und Albrecht, zu entführen. In der Nacht erklomm der Ritter mit seinen Gefolgsleuten den steilen Felsen des Schlosses und raubte die beiden Prinzen aus ihrem Schlafgemach. Doch nach wenigen Tagen wurden die Flüchtigen aufgegriffen und Kunz von Kauffungen hingerichtet. Neben den histo-

04600 Altenburg
ⓘ **Touristinformation Altenburger Land**
Tel.: 03447 / 986689
www.altenburg.travel

Residenzschloss
Tel.: 03447 / 512712

Naturkundliches Museum Mauritianum
Tel.: 03447 / 2589

Lindenau-Museum
Tel.: 03447 / 89553

Brauereimuseum
Tel.: 03447 / 31290

Historischer Friseursalon
Tel.: 03447 / 311790

Botanischer Erlebnisgarten
Tel.: 03447 / 502527

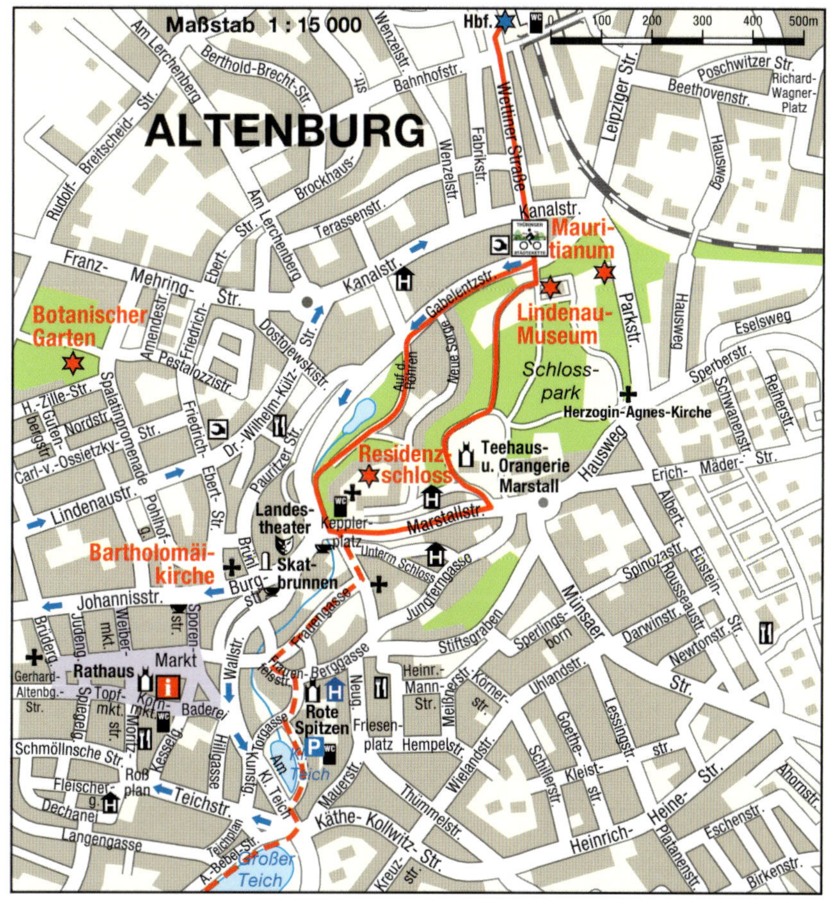

Blick auf das Altenburger Residenzschloss

rischen Räumen des Schlosses (z. B. dem Sibyllenkabinett, einem originalen Porzellankabinett von 1735 und der Schlosskirche mit der Trost-Orgel) ist die reichhaltige Spielkartenausstellung zu besichtigen. Anfang des 19. Jahrhunderts erdachten spielfreudige Altenburger Bürger das Skatspiel. Damit begründeten sie Altenburgs Weltruf als Skat- und Spielkartenstadt. Seit 1927 residiert in der Stadt Altenburg ein „**Skatgericht**“. Die Leidenschaft der Altenburger beförderte auch die Kartenmacherei. Die 1832 gegründete Bechsteinsche Spielkartenfabrik entwickelte sich nach 1900 zum größten Spielkartenhersteller in Deutschland. Selbst ein Denkmal, der **Skatbrunnen**, ist dem Kartenspiel gewidmet. Neben dem Schloss hat Altenburg noch mehr zu bieten. Ein bemerkenswerter Renaissancebau ist das **Rathaus**. Es ist reich verziert und mit Steinköpfen, den sogenannten „Thüringer Gaffköpfen“, versehen. Gleichfalls empfehlenswert sind das **Lindenaumuseum** am Rande des Schlossparks mit seiner kostbaren Sammlung italienischer Tafelmalerei und das dahinter liegende **Mauritianum**. In diesem naturkundlichen Museum kann man mit leichtem Schaudern den „Altenburger Rattenkönig“ bestaunen.

Adressen (entlang der Strecke)

Überregionale Informationsstellen

99510 Apolda
Fremdenverkehrsverband
Weimarer Land e. V.
Bahnhofstraße 28
Tel.: 03644 / 519975

99084 Erfurt
Geschäftsstelle AG Radfernweg
„Thüringer Städtekette"
Erfurter Tourismus und
Marketing GmbH
Benediktsplatz 1
Tel.: 0361 / 6640235
www.thueringer-staedtekette.de

07639 Bad Klosterlausnitz
Thüringer Tourismusverband
Jena-Saale-Holzland e.V.
Jahnstraße 29
Tel.: 036601 / 905200

Regionale Informationsstellen *(entlang der Strecke)*

99817 Eisenach
Eisenach-Wartburgregion
Touristik GmbH
Markt 24
Tel.: 03691 / 79230
www.eisenach.info

99848 Wutha-Farnroda
Bürgerbüro Wutha-Farnroda
Eisenacher Straße 49
Tel.: 036921 / 915-260
www.wutha-farnroda.de

99880 Waltershausen
Stadtinformation
Brauhausgasse 2
Tel.: 03622 / 630113
www.waltershausen.de

99867 Gotha
Gotha adelt –
Touristinformation
Hauptmarkt 40
Tel.: 03621 / 510450
www.gotha-adelt.de

99869 Drei Gleichen
Kulturscheune und Tourist-
information Mühlberg
Thomas-Müntzer-Straße 4
Tel. 036256 / 22846
www.drei-gleichen.de

**99192 Nesse-Apfelstädt/
OT Neudietendorf**
Gemeinde Nesse-Apfelstädt
Zinzendorfstraße 1
Tel.: 036202 / 840-0
www.nesse-apfelstaedt.de

99084 Erfurt
Touristinformation
Benediktsplatz 1
Tel.: 0361 / 66400
www.erfurt-tourismus.de

99428 Grammetal
VG Grammetal, Gem.
Niederzimmern
Schlossgasse 19
Tel.: 03643 / 83110
www.vg-grammetal.de

99423 Weimar
Touristinformation Weimar
Markt 10
Tel.: 03643 / 7450
www.weimar.de

07743 Jena
Jena Touristinformation
Markt 16
Tel.: 03641 / 498050
www.visit-jena.de

07646 Stadtroda
Stadtinformation
Im Rathaus
Straße des Friedens 17
Tel.: 036428 / 4410
www.stadtroda.de

07629 Hermsdorf
Stadt Hermsdorf
Am Alten Versuchsfeld 1
Tel.: 036601 / 5770
www.vg-hermsdorf.de

07639 Bad Klosterlausnitz
Kur- und Gesundheitszentrum
Bad Klosterlausnitz GmbH
Hermann-Sachse-Straße 44
Tel.: 036601 / 80050
www.bad-klosterlausnitz.com

07607 Eisenberg
Eisenberg-Information
Markt 26
Tel.: 036691 / 73454
www.stadt-eisenberg.de

07586 Bad Köstritz
Haus des Gastes
Julius-Sturm-Straße 10
Tel.: 036605 / 86059
www.stadt-bad-koestritz.de

07545 Gera
Gera Information
Markt 1a
Tel.: 0365 / 8381111
www.tourismus.gera.de

07580 Ronneburg
Touristinformation
Markt 1–2
Tel.: 036602 / 53613
www.ronneburg.de

04626 Schmölln
Stadtinformation
Markt 1
Tel.: 034491 / 760
www.schmoelln.de

04600 Altenburg
Tourismusinfomation
Altenburger Land
Markt 10
Tel.: 03447 / 896689
www.altenburg.travel

Gera – Haus Schulenburg,
eine Villa von Henry van de Velde gestaltet.

Campingplatz Drei Gleichen
99869 Mühlberg
Campingplatz 1
Tel. 036256 / 22715
www.camping-drei-gleichen.de

Campingpark Erfurt
99099 Erfurt
Rudolstädter Straße 83c
Tel.: 0176 / 95531746
www.campingpark-erfurt.de

Camping Tiefurt
99425 Weimar-Tiefurt
Hauptstraße 2a
Tel.: 03643 / 850121
www.camping-weimar-tiefurt.de

Campingplatz Jena Unter dem Jenzig
07749 Jena
Am Erlkönig 3
Tel. 03641 / 666688
www.camping-jena.com

99817 Eisenach
- *automobile welt eisenach*
  Friedrich-Naumann-Straße 10
  Tel.: 03691 / 77212
- *Bachhaus*
  Frauenplan 21
  Tel.: 03691 / 79340
- *Goldener Löwe*
  Marienstraße 57
  Tel./Fax: 03691 / 75434
- *Lutherhaus*
  Lutherplatz 8
  Tel.: 03691 / 29830
- *Predigerkirche Sammlung „Mittelalterliche Kunst in Thüringen“*
  Predigerplatz 2
  Tel.: 03691 / 784678
- *Reuter-Wagner-Museum*
  Reuterweg 2
  Tel.: 03691 / 743293
- *Thüringer Museum Stadtschloss*
  Markt 24
  Tel.: 03691 / 670450
- *UNESCO-Welterbe Wartburg*
  Auf der Wartburg
  Tel.: 03691 / 2500
  www.wartburg.de

99848 Wutha-Franroda OT Schönau
- *Hörselbergmuseum*
  Hörseltalstraße 39
  Tel.: 036921 / 279721 oder 27852

99867 Gotha
- *Gothaer Tivoli*
  Am Tivoli 3
  Tel.: 03621 / 704127
  www.tivoli-gotha.de
- *Schloss Friedenstein*
  Schlossplatz 1
  Tel.: 03621 / 8234-0
  www.stiftungfriedenstein.de
- *Herzogliches Museum*
  Schlossplatz 2
  Tel.: 03621 / 8234-0
- *Gotha von oben: Begehbarer Rathausturm*
  Hauptmarkt 1
  Tel.: 03621 / 222-0
  ab 2022, April–Oktober

99869 Günthersleben-Wechmar
- *Bach-Stammhaus Wechmar*
  Bachstraße 4
  Tel.: 036256 / 22680

99192 Nesse-Apfelstädt OT Ingersleben
- *Heimatmuseum im Rittergut*
  Karl-Marx-Straße 40
  Tel.: 036202 / 82211

99192 Molsdorf
- *Schloss Molsdorf*
  Schlossplatz 6
  Tel.: 036202 / 90505
  www.molsdorf.de

99094 Erfurt-Bischleben

- *Margaretha-Reichardt-Haus*
  Am Kirchberg 32
  Nach tel. Voranmeldung:
  0361 / 6551657

99084 Erfurt

- *Alte Synagoge*
  Waagegasse 8
  Tel.: 0361 / 6551520
- *Angermuseum*
  Anger 18
  Tel.: 0361 / 6551640
- *Barfüßerkirche*
  Barfüßerstraße 20
  Tel.: 0361 / 6464010
- *Besucherzentrum Petersberg, Kommandantenhaus*
  Petersberg 3
  Tel.: 0361 / 6640170
- *Kunsthalle Erfurt*
  Fischmarkt 7
  Tel.: 0361 / 6555660
- *Naturkundemuseum*
  Große Arche 14
  Tel.: 0361 / 6555680
- *Museum für Thüringer Volkskunde Erfurt*
  Juri-Gagarin-Ring 140 a
  Tel.: 0361 / 6555607
- *Stadtmuseum Haus „Zum Stockfisch“*
  Johannesstraße 169
  Tel.: 0361 / 6555651

99428 Niederzimmern

- *Kräutergarten*
  Nach tel. Absprache:
  036203 / 50719
  www.natur-macht-schule.de

99423 Weimar

- *Albert-Schweitzer-Begegnungsstätte*
  Kegelplatz 4
  Tel.: 03643 / 202739
- *Bauhaus-Museum*
  Stéphane-Hessel-Platz 1
  Tel.: 03643 / 545400
- *Goethes Gartenhaus*
  Im Park an der Ilm
  Tel.: 03643 / 545400
- *Goethe-Nationalmuseum mit Goethes Wohnhaus*
  Frauenplan 1
  Tel.: 03643 / 545400
- *Haus am Horn*
  Am Horn 61
  Tel.: 03643 / 545400
- *Haus der Weimarer Republik*
  Theaterplatz 4
  Tel.: 03643 / 9086024
- *Haus Hohe Pappeln*
  Belvederer Allee 58
  Tel.: 03643 / 545400
- *Kirms-Krakow-Haus*
  Jakobstraße 10
  Tel.: 036450 / 30460
- *Liszt Haus*
  Marienstraße 17
  Tel.: 03643 / 545400
- *Museum für Ur- und Frühgeschichte*
  Humboldtstraße 11
  Tel.: 03643 / 818331
- *Museum Neues Weimar*
  Jorge-Semprún-Platz 5
  Tel.: 03643 / 545400
- *Nietzsche-Archiv*
  Humboldtstraße 36
  Tel.: 03643 / 545400
- *Parkhöhle Weimar*
  Im Park an der Ilm
  Tel.: 03643 / 545400
- *Römisches Haus*
  Im Park an der Ilm
  Tel.: 03643 / 545400
- *Schiller Wohnhaus*
  Schillerstraße 12
  Tel.: 03643 / 545400
- *Schlossmuseum*
  Tel.: 03643 / 545400
  z. Zt. (2021) in Sanierung
  Stadtmuseum Weimar
  Karl-Liebknecht-Straße 5–9
  Tel.: 03643 / 82600
- *Weimar Haus*
  Schillerstraße 16
  Tel.: 03643 / 901890
- *Wittumspalais*
  Palais 3
  Tel.: 03643 / 545400

OT Ettersberg

- *Gedenkstätte Buchenwald*
  Tel.: 03643 / 430157
  www.buchenwald.de

OT Oberweimar

- *Deutsches Bienenmuseum*
  Ilmstraße 3
  Tel.: 03643 / 4920401
  www.bienenmuseum.lvthi.de

07745 Jena

- *Sammlung Antiker Klein-kunst*
  Am Fürstengraben 25
  Tel. 03641 / 944827
  www.gw.uni-jena.de/antikensammlung
- *Botanischer Garten der Universität*
  Fürstengraben 26
  Tel.: 03641 / 949274
  www.botanischergarten.uni-jena.de
- *Goethe-Gedenkstätte*
  ehem. Inspektorhaus des Botanischen Gartens
  Fürstengraben 26
  Tel.: 03641 / 949009
  z.Zt. (2021) unbestimmt geschlossen
- *Mineralogische Sammlung*
  Sellierstraße 6
  Tel.: 03641 / 948714
  www.minsmlg.uni-jena.de
- *Deutsches Optisches Museum*
  Hans-Knöll-Straße 1
  Tel.: 03641 / 9400464
  www.deutsches-optisches-museum.de
  (Umbau bis 2023)
- *Phyletisches Museum*
  Vor dem Neutor 1
  Tel.: 03641 / 949180
  www.phyletisches-museum.de
- *Romantikerhaus*
  Unterm Markt 12 a
  Tel.: 03641 / 498249
  www.romantikerhaus-jena.de
- *Stadtmuseum & Kunstsammlung Jena*
  Markt 7
  Tel.: 03641 / 498250
  www.museen-jena.de
- *Schillers Gartenhaus*
  Schillergässchen 2
  Tel.: 03641 / 9401070
  www4.uni-jena.de/gartenhaus
- *Schott Villa*
  Tel.: 03641 / 6815304
  www.schott.com/museum
- *Zeiss-Planetarium*
  Am Planetarium 5
  Tel.: 03641 / 885488
  www.planetarium-jena.de

OT Cospeda

- *Museum 1806 zur Doppelschlacht bei Jena und Auerstedt*
  Jenaer Straße 12
  Tel.: 03641 / 820925
  www.stadtmuseum-jena.de

07646 Stadtroda

- *Stadtmuseum „Alte Suptur"*
  Kreuzstraße 2
  Tel.: 036428 / 44124

OT Gernewitz

- *Strohatelier*
  Tel.: 0364 28 / 13551

07639 Bad Klosterlausnitz

- *Heimatstube Altes Sudhaus*
  Geraer Straße 20
  Tel.: 036601 / 92489

07607 Eisenberg

- *Kräutergarten*
  hinter der Schlosskirche
- *Stadtmuseum „Klötznersches Haus"*
  Markt 26
  Tel.: 036691 / 73436

07586 Bad Köstritz

- *Dahlienzentrum*
  Tel.: 036605 / 99910

07548 Gera

- *Haus Schulenburg*
  Straße des Friedens 120
  Tel.: 0365 / 826410
- *Kunstsammlung Gera/ Orangerie*
  Orangerieplatz 1
  Tel.: 0365 / 8384250
- *Museum für Angewandte Kunst*
  Greizer Straße 37
  Tel.: 0365 / 8381430
- *Museum für Naturkunde*
  Nicolaiberg 3
  Tel.: 0365 / 52003
- *Otto-Dix-Haus*
  Mohrenplatz 4
  Tel.: 0365 / 8324927
- *Stadtmuseum Gera & Historische Höhler*
  Museumsplatz 1
  Tel.: 0365 / 8381470

Thüringen – Land der Burgen, Schlösser und Parks, hier die Mühlburg

07580 Ronneburg

- *Schaubergwerk*
  Rosa-Luxemburg-Straße 4
  Tel.: 036602 / 937926
- *Stadt- und Schulmuseum*
  Heimatverein e.V.
  Schlossstraße 19
  Tel.: 036602 / 44566

04626 Posterstein

- *Museum Burg Posterstein*
  Burgberg 1
  Tel.: 034496 / 22595

04626 Schmölln

- *Knopf- und Regionalmuseum (üb. Stadtinformation)*
  Sprottenanger/ Ronneburger Straße
  Tel.: 034491 / 76444

04600 Altenburg

- *Residenzschloss*
  Schloss 2
  Tel.: 03447 / 512712
- *Naturkundliches Museum „Mauritianum“*
  Parkstraße 1
  Tel.: 03447 / 2589
- *Lindenau-Museum*
  Gabelentzstraße 5
  Tel.: 03447 / 89553
- *Brauereimuseum*
  Brauereistraße 20
  Tel.: 03447 / 31290
- *Altenburger Destillerie*
  Am Anger 1–2
  Tel.: 03447 / 554660
- *Botanischer Erlebnisgarten*
  Heinrich-Zille-Straße 12
  Tel.: 03447 / 513253
- *Historischer Friseursalon*
  Pauritzer Straße 2
  Tel.: 03447 / 311790

Bett + Bike  *(Auswahl, entlang der Strecke)*

99817 Eisenach
- Lutherhotel Eisenacher Hof
  Katharinenstraße 11–13
  Tel.: 03691 / 29390
- Göbels Sophien Hotel
  Sophienstraße 41
  Tel.: 03691 / 2510
- Vienna House Thüringer Hof Eisenach
  Karlsplatz 11
  Tel.: 03691 / 280
- Hotel Kaiserhof
  Wartburgallee 2
  Tel.: 03691 / 88890
- City Hotel Eisenach
  Bahnhofstraße 25
  Tel.: 03691 / 20980
- Suites MITTE Aparthotel Eisenach
  Kleine Löbergasse 2
  Tel.: 03691 / 7414370
- Hostel & Pension „Alte Brauerei“
  Wartburgallee 25a
  Tel.: 03691 / 238030
- Hotel Glockenhof
  Grimmelgasse 4
  Tel.: 03691 / 2340
- Jugendherberge Eisenach
  Mariental 24
  Tel.: 03691 / 743259

99848 Wutha-Farnroda
- Hotel Bamberger Hof
  Gothaer Straße 61
  Tel.: 036921 / 279300

99867 Gotha /Thür.
- Augustinerkloster Gotha Herberge gGmbH
  Jüdenstraße 27
  Tel.: 03621 / 302901
- Pension „Regina“
  Schwabhäuser Straße 4
  Tel.: 03621 / 408020

99094 Erfurt
- Jugendherberge Erfurt
  Hochheimer Straße 12
  Tel.: 0361 / 5626705
- OPERA Hostel
  Walkmühlstraße 13
  Tel.: 0361 / 60131360

99423 Weimar
- Jugendherberge „Germania“
  Carl-August-Allee 13
  Tel.: 03643 / 850490
- AAT Appartements Am Theater
  Heinrich-Heine-Straße 16
  Tel.: 03643 / 496787
- Die kleine Residenz am Schloss
  Grüner Markt 4
  Tel.: 03643 / 59408
- Dorinthotel Am Goethepark Weimar
  Beethovenplatz 1–2
  Tel.: 03643 / 8720
- Jugendherberge Am Poseckschen Garten
  Humboldtstraße 17
  Tel.: 03643 / 850792

99425 Weimar
- Leonardo Hotel Weimar
  Belvederer Allee 25
  Tel.: 03643 / 7220
- Hotel An der Kipperquelle
  Kippergasse 20
  Tel.: 03643 / 808888

07743 Jena
- Hotel Schwarzer Bär Jena
  Lutherplatz 2
  Tel.: 03641 / 4060
- Hotel Rasenmühle
  Burgauer Weg 1A
  Tel.: 03641 / 5342130

07639 Tautenhain
- Hotel & Restaurant „Zur Kanone“
  Dorfstraße 3
  Tel.: 036601 / 55920

07607 Eisenberg
- Jugendherberge Eisenberg
  Mühltal 05
  Tel.: 036691 / 43462

07548 Gera-Untermhaus
- Hotel-Restaurant Zwergschlösschen
  Untermhäuser Straße 67/69
  Tel.: 0 365 / 22503

07545 Gera
- Victor's Residenz-Hotel Gera
  Berliner Straße 38
  Tel.: 0365 43440
- City Partner Hotel Gewürzmühle
  Clara-Viebig-Straße 4
  Tel.: 0365 / 824330

07554 Gera-Collis
- Gasthaus-Hotel „Collis am Gessenbach“
  Collis 2
  Tel.: 0365 / 31958

04626 Posterstein
- Kunst- und Kräuterhof
  Dorfstraße 9
  Tel.: 034496 / 23402

04600 Altenburg
- Hotel-Pension „Treppengasse“
  Treppengasse 5/6
  Tel.: 03447 / 313549

Reise- und Wanderführer

- DUMONT Reisetaschenbuch Thüringen
  2017, MAIRDUMONT GmbH & Co. KG Ostfildern
- ADAC Reiseführer Thüringen, 2020, ADAC Verlag GmbH, München
- Baedeker Reiseführer Thüringen, 2019, Baedeker, Ostfildern
- Erfurter Radeltouren, Angelika Link, Erfurt
  Verlag ***grünes herz***®, 2011
  ISBN: 978-3-86636-132-4
- Weimarer Radeltouren, Philipp Heinrichs, Weimar
  Verlag ***grünes herz***®, 2011
  ISBN: 978-3-86636-129-4
- Jenaer Radeltouren, G. Kahnis, Th. Wedekind, Jena
  Verlag ***grünes herz***®, 2010
  ISBN: 978-3-86636-126-3

Karten – Verlag *grünes herz*®

Wanderkarten

Aus der Wanderkartenserie Thüringen mit Verlauf der „Städtekette“
M 1:50.000, Verlag ***grünes herz***®

- Westlicher Thüringer Wald, ISBN: 978-3-86636-039-6
- Erfurt, Gotha, Fahnersche Höhe, ISBN: 978-3-925621-04-5
- Weimarer Land und Jena, ISBN: 978-3-925621-01-4
- Jena, Saale, Holzland, ISBN: 978-3-925621-06-9
- Gera, ISBN: 978-3-86636-030-3

Fahrradkarten

Aus der Fahrradkartenserie Thüringen mit Verlauf der „Städtekette“
M 1: 75.000, Verlag ***grünes herz***®

- Eisenach, Westthüringen, ISBN: 978-3-86636-082-2
- Erfurt, Mittelthüringen, ISBN: 978-3-86636-261-1
- Jena, Saaletal, ISBN: 978-3-86636-266-6
- Gera, Altenburg, Zwickau, ISBN: 978-3-86636-192-8

Maßstab 1:50.000

- Weimar, ISBN: 978-3-86636-262-8

Freizeitkarten

- „Thüringer Wald“, ISBN: 978-3-86636-052-5

Ortspläne

- Erfurt, ISBN: 978-3-86636-007-5
- Weimar, ISBN: 978-3-86636-023-5

Bestellungen über: Verlag ***grünes herz***®
Am Hang 27–28, 98693 Ilmenau • Tel.: 03677 / 46628-10 • Fax: 03677 / 46628-11 • www.gruenes-herz.de • E-Mail: bestellung@vggh.de

→ Seite 22

Augustinerkloster Gotha

→ *Seiten: 40, 44, 62, 82*

Günstig für alle Städteradler: die Jugendherbergen in Thüringen

Die Jugendherbergen an der Thüringer Städtekette liegen nicht nur schön günstig, sondern überzeugen auch mit Top-Preisen. Viele Häuser tragen das Bett+Bike Zertifikat und bieten somit beste Bedingungen für alle Radfahrer.

Jugendherberge Eisenberg

Tel. 036691 43462
eisenberg@jugendherberge.de

Jugendherberge Erfurt

Tel. 0361 5626705
erfurt@jugendherberge.de

Jugendherberge „Germania" Weimar

Tel. 03643 850490
germania-weimar@jugendherberge.de

Jugendherberge „Am Poseckschen Garten" Weimar

Tel. 03643 850792
amposgarten-weimar@jugendherberge.de

Jugendherberge „Maxim Gorki" Weimar

Tel. 03643 850750
m.gorki-weimar@jugendherberge.de

Jugendherberge „Am Ettersberg" Weimar

Tel. 03643 421111
ettersberg-weimar@jugendherberge.de

Jugendherberge Altenburg Windischleuba

Tel. 03447 834471
windischleuba@jugendherberge.de

Weitere Informationen zu den Jugendherbergen in Thüringen erhalten Sie unter:

INFOHotline: **03643 850 000**
www.thueringen.jugendherberge.de

→ Seite 40

→ Seite 40

Tickets | Stadtführungen |
Hotels, Pensionen &
Privatzimmer | Reisepakete

ERFURT TOURIST INFORMATION

Benediktsplatz 1, 99084 Erfurt, Tel: 0361 6640-0
geöffnet: Mo–Sa 10–18, So/Feiertag 10–15 Uhr
www.erfurt-tourismus.de

→ Seite 46

→ Seite 44

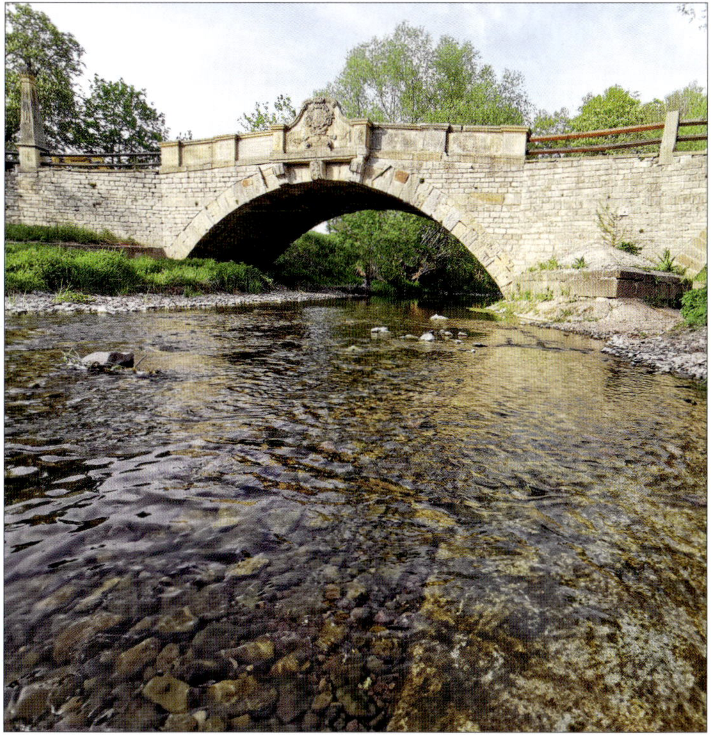

Die Barocke Steinbrücke über die Apfelstädt im Marienthal

→ Seite 48

Hotel Café
An der Kipperquelle

Das Biohotel im Grünen

Kippergasse 20
D 99425 Weimar

Tel.: +49 3643 808888
Fax.: +49 3643 808887

hotel@kipperquelle-weimar.de

www.kipperquelle-weimar.de

→ Seite 55

Thüringen – Land der Residenzen, die Orangerie in Gotha